JN210450

外は氷点下の風。地下鉄の三角地（サムガッチ）駅に近い路地。タラの鍋からの湯気があがる。「うどん入れる？」と店のおばさんはお節介。ソウルの夜だなぁ

ぬたウナギはエゴマとサンチュの葉で包んで。包んで楽しむ韓国の味覚

ガンギエイの刺身を発酵させたホンオフェ。アンモニア臭がややきついが、体を浄化してくれる、と女性も大好き。においで毒を制するってこと？

チャジャンミョンには必ずたくあん。この
謎を追ってたくあん工場に至る旅は本文で

つい空席に座ってしまった市場内の屋台。周囲からの「これがうまい。食べなさい」コールが響く

こういう外観を目にして、心が躍るようになったら、「韓国料理にはまってますね」といわれる

チケット争奪戦の勝者たち。観客の４人にひとりは日本人女性。ここには日韓問題が入り込む余地はない（BIGBANG〈ビッグバン〉のコンサート会場）

GS25
2-1 GATE 스탠딩

男性Kポップでいま、いちばん人気といったらEXO(エクソ)。彼らを使った広告の前に立つ僕の違和感。これ、いまのソウルの日常風景です

ハングルの誇り？スターバックスの一部の店舗はハングル表示。世界的に珍しいことらしい

たくあん工場があった青陽（チョンヤン）は、トウガラシが有名らしい。だからタクシー乗り場も？

ハンティ駅周辺に建つ億ション。韓国の格差社会の現実を見あげる。詳しくは本文で

これが貝蒸し。好きな韓国料理のひとつだ。これで3万ウォン、約3000円。見た目は大胆だが味は繊細。韓国流だ

週末ソウルでちょっとほっこり

下川裕治　　写真・阿部稔哉

朝日文庫

本書は書き下ろしです。

週末ソウルでちょっとほっこり●目次

地図／フジ企画

韓国の通貨はウォン。円とのレートは、二〇一五年四月の一ウォン＝約〇・一円で換算している

週末ソウルでちょっとほっこり

第一章　韓国料理

明洞を避けた僕が出合う ハングルメニューの海

あれはいつ頃だっただろうか。日本人の韓国旅行が熱を帯びはじめていた時期だから、二〇〇九年頃のことのように思う。僕はソウル在住の日本人と一緒に、明洞《ミョンドン》にあるタッカルビの店にいた。タッカルビというのは、鶏肉のあばら肉と野菜を、コチュジャンベースのたれで炒めて食べる料理である。僕は、『歩くソウル』（メディアポルタ）というガイドブックの出版にかかわっていて、そのときは、韓国料理の組み合わせの話の取材だった気がする。

滞在日数の短い日本人は、ソウルの食堂で、食べたい韓国料理を網羅しようとする。たとえば、サムギョプサルという豚の三枚肉の焼肉を食べたあとに、冷麺を注文したりする。いまは韓国料理店もそんな日本人心理をわきまえていて、ちゃんと冷麺を出してくれるのだが、これは韓国人にしてみたら、「?」がつくオーダーである。サムギョプサルを食べたあとは、テンジャンチゲという韓国風味噌汁と決まっている。実際、サムギョプサルを食べながら、白いご飯を注文すると、このテンジャンチゲがついてくる。そしてサムギョプサルを食べるときは、ソジュという韓国焼酎を飲む人が圧倒的に多い。

その伝でいけば、冷麺は牛カルビの焼肉と対になっている。そして牛カルビを食べるときは、ソジュではなくビールである。韓国人が、とりわけ、食について保守的というわけではないと思う。日本人にしても、寿司を食べた店でラーメンは注文しない。そういうものだと思う。しかし観光客をとり込もうとする店は、そのあとの料理の常識的な組み合わせを無視し、客の注文に寄り添っていく。

タッカルビを食べたときは、最後に白いご飯を鍋に入れ炒飯にするのが一般的だ。飲むのはビールになる。マッククスという麺料理を最後に注文する人もいる。これは一見冷麺に似ているが、味はかなり違う。大根の水キムチに肉汁を合わせた冷たいスープに麺を入れたものだ。

僕らは撮影を続けながら、タッカルビを食べ終えた。ひと息つき、周囲を見渡した。日本語があちこちから聞こえてきた。マックスではなく、冷麺を食べている人も多い。店はタッカルビの専門店だったが、冷麺を食べたいという日本人の希望をメニューに反映させていた。

日本人の節操のない注文を質《ただ》すつもりがあったわけではないが、やはり韓国にこだわれば、韓国の食べ方に倣《なら》うのが筋というものだ。食べてみればわかることだが、そのほうがはるかに、胃へのおさまりはいい。

「ここ、日本人が多くない？」

ソウル在住の知人に訊いた。

「今日はとくに多いかも。『冬のソナタ』のロケ地が春川《チュンチョン》だったでしょ。だからたくさんの日本人が春川に出かける。春川といえば、このタッカルビがとくに有名だから、皆、タッカルビの店に集まるんじゃないかな。今日は九割が日本人客だって、さっき店員さんがいってました。それに明洞でしょ。だからタッカルビに冷麺っていう、韓国人なら首をひねる注文もオーケー」

そういえば、メニューには、写真と日本語が躍っていた。店員も日本語を理解するから、なんの問題もなく、タッカルビと冷麺を頼むことができる。

「明洞――」

明洞の店に入るのはやめようと思った。

ここにあるのは韓国ではなく、日本に合わせた韓国料理のような気がした。僕は食通ではない。しかしこの国では、本来の韓国料理を食べなくてはいけないと思った。

なぜ明洞を避けようとしたのかといえば、やはりそれまでの僕の韓国があったからのような気がする。

　いまのソウルは漢江《ハンガン》が、街の中心を流れている。しかし朝鮮王朝時代に街を分けていたのは清渓川《チョンゲチョン》だった。明洞から地下鉄の鐘閣《チョンガク》駅に向かって歩いていくと渡る川だ。周囲は公園として整備されている。かつてこの川の北側には宮廷で働く役人、両班《ヤンバン》が住み、南側には庶民が暮らしていたという。この南側、つまり明洞一帯が一気に発展するのは、日本の植民地になってからだ。いまの乙支路入口《ウルチロイック》駅周辺は明治町と名づけられ、明洞一帯は本町通りと呼ばれた。やがて明洞一帯には日本人町がつくられていく。日本人経営の貴金属店、書店、食料品店、化粧品店などが次々にでき、デパートや金融機関の立派な建物もつくられていった。現在も残っている建物もある。韓国電力公社ソウル事業主部の建物は、旧京城電気株式会社である。旧三越百貨店京城店はいまの新世界百貨店本店である。明洞芸術劇場の建物も、この時代に建てられたものだ。

　しかし日本の植民地時代が終わったあと、朝鮮戦争で、明洞は廃墟のようになってしまう。再び、ソウル一の繁華街として賑わいはじめるのは一九六〇年代になってからだった。

明洞の歴史に触れたのは、僕のなかにひとつの憶測があったからだ。韓国は戦後、大韓民国としてスタートして以来、日本の大衆文化が入り込むことを厳しくチェックしていた。テレビでは日本の番組や日本語の歌を放送することができなかった。日本の映画も公開されなかった。日本語や日本文化が徐々に解禁されるのは、一九九〇年代の後半からである。

解禁以前、韓国料理店のメニューに日本語の訳があったかどうか……。堂々とメニューに表示しにくい時代があった気がする。しかし日本人観光客は姿を見せる。そこで、明洞という一帯だけに、日本語メニューを許したのではないか……。

明洞は広いエリアではない。かつては日本人町だったという歴史もある。この一画だけ、日本語メニューを許すということはありうる気がした。いろいろ調べてみた。その方針を示すものはみつからなかった。明洞という繁華街のなかで、日本人客のために自然に生まれていったのかもしれなかった。

最近では、明洞以外のエリアでも日本語メニューを目にするようになったが、『冬のソナタ』がブームになっていた頃のエリア分けはかなり明解だった。明洞という世界の外に出ると、メニューから日本語が消えた。それ以前に、冊子スタイルのメニューがなくなった。壁にハングルでメニューが書かれているだけだった。

それが韓国のなかで、僕が入ってきた食堂というものだった。僕のアジア旅には、どこか首都を避ける傾向があった。首都は便利で、ビザをとるためには滞在しなければいけなかったが、できれば、人の多い街から離れたいタイプの旅行者だった。韓国もそうだった。はじめて訪ねたのは一九八〇年代で、当時は七日間までの滞在しか許されなかった。ビザも必要だった。LCCという安い航空会社もない時代だったから、下関からフェリーに乗って釜山《プサン》に入ることが多かった。そこから北上していくのだが、途中の街が面白く、うろうろしているうちに滞在期限が迫り、急いで釜山に戻るような旅を繰り返していた。ソウルの街を見たのは、はじめて韓国の土を踏んでから七年ほどあとのことだったのだ。

僕はハングルの洪水のなかで旅を続けてきた。料理の注文はほとんど指さしスタイルだった。壁に書かれたメニューのなかに、たまにアルファベットが混じっていることがあった。「HAM」の文字をみつけ、それを注文したことはいまでも覚えている。それはハムが入った鉄板焼きのようなものだったが、それほど、韓国の食堂のメニューには、とりつくしまがなかったのだ。そう、釜山では、メニューの下に書かれた魚のイラストを頼りに指さしたこともあった。まさに手探り状態だったのだ。出てきた料理が、いったいなんという名前なのかもわからなかった。

영등포
Yeongdeun
☎ 2676-4783
010-8569-4783
상진산업
업사
업사

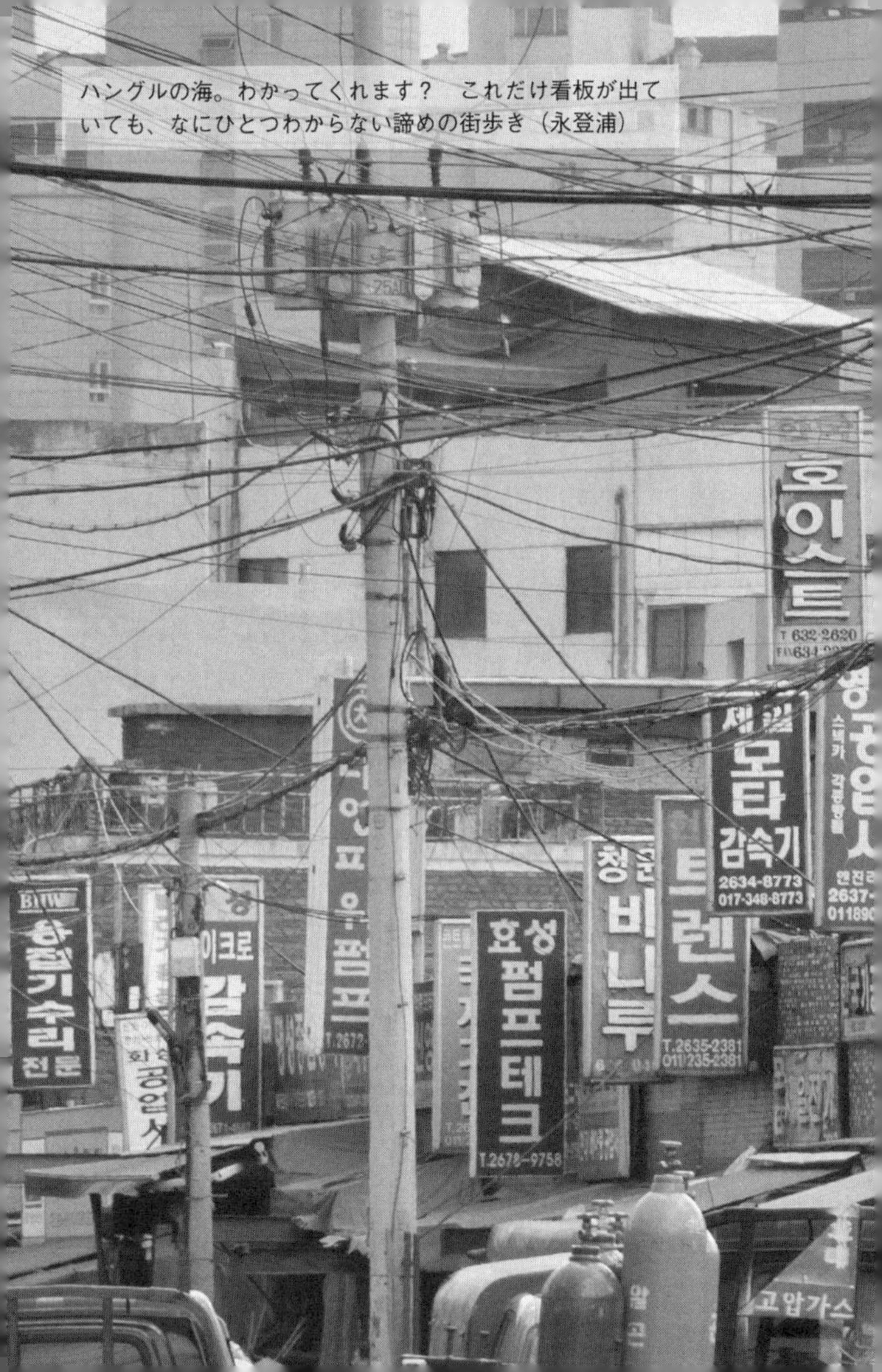

ハングルの海。わかってくれます？　これだけ看板が出ていても、なにひとつわからない諦めの街歩き（永登浦）

僕は言葉の通じない国を訪ねることが多いから、なにを頼んでいるのかわからない注文は珍しくはなかったが、韓国よりはもう少し見晴らしが利く国が多かった。漢字文化圏では、発音はできなくても、文字の意味がわかることが多かった。そこから離れたエリアでは、互いに怪しげながらも、英語が意思伝達のツールになっていった。しかし韓国では、そのどちらもなかった。ソウルでは英語が伝わることもあったが、地方に行くと、言葉の壁があまりに高かった。

日本にとっては隣の国であり、時差のない国でもある。日本と韓国の間には、深いつながりがあった。その近さゆえの軋轢《あつれき》もある。しかし世界のなかで、最も言葉が通じない国のひとつが韓国だったのだ。

いったいなにを注文したらいいのかわからず、いったいなんと呼ばれているのかも知らない料理を食べ続けてきた。そんな状態だから、韓国料理の体系など、描くことができるわけがなかった。

それでいて訪ねる回数だけは多かった。その回数だけ、韓国料理は食べているわけで、名前も知らない料理のディティールだけは積みあげられていくのだが、それらが結びついていくことはなかった。

なんとなく韓国料理の分類がわかってきたのは、フードコートをよく利用するよ

ソウル駅のフードコートは、韓国料理の勉強の場。この前に毎日30分は立った

半信半疑で頼んだサバ定食は、怖いほど日本と同じ。これが韓国の味です

うになってからだった。ソウル駅周辺に泊まることが多かったから、駅ビルの三階にあるフードコートには何回か足を運んだ。ここは、テーブルの周囲に、さまざまな料理を出してくれるカウンターがあるのだが、注文は、中央にあるブースで一括して受けつけるスタイルだった。横の壁には、メニューが並び、すべてに英語の訳がついていた。料理のなかには、写真を掲げているものもあった。その前で腕を組み、じっくりとメニューを追う。メニューは縦に分類されていて、韓国のご飯料理、麺料理、韓国中華、韓国の洋風料理などといった流れで並んでいる。それは料理を出してくれるカウンターの種類分けでもあった。キムパプという韓国風海苔巻きは、魚定食と同じカウンターだった。冷麺と水餃子は同系列のようだった。

このフードコートで、韓国料理の見通しは少しよくなったのだが、ソウル駅という場所柄、列車に乗る前にささっとすませる料理が多かった。市街地の店のような手の込んだ料理はなかった。いってみれば、簡単大衆料理の分類に少し明るくなった程度だった。

料理名もその体系もわからない状況に、それほど居心地の悪さを感じていたわけではなかった。海外を歩くということは、そういうものだとも思っていた。とりわけ韓国はわかりにくかったが、それが僕の韓国の歩き方だった。

だからよけいに、明洞が浮きたって映った気もする。明洞の店のメニューに添えられた日本語は、世界のレストランのメニューに書かれた日本語の域を超えていた。東南アジアや欧米の高級店には、ときどきメニューに日本語の説明がついているが、読んでもよくわからないものが少なくない。「車エビのオランデーズソース添え」などと書かれても、オランデーズソースを知らないのだから味の想像もできない。タイのバンコクでレストランに入ると、日本語の解説があり、トムヤムクンのところに、「エビの辛酸スープ」と書かれていて、目が点になったこともある。たしかにトムヤムクンは、辛くて酸っぱいスープだが、辛酸といっていいのだろうか。辛酸とはつらくて苦しいことで、スープの味ではないのではないか。

しかし明洞の店のメニューには、そんな外国らしい不可解さがほとんどなかった。カタカナの「ツ」が「シ」に印刷されているようなことはあったが、多くの日本人が、その料理を的確に理解できる日本語が添えられていた。

韓国と日本はやはり近かった。いや近すぎた。会話には壁があり、メニューはハングルの洪水だったが、いざ日本人に合わせようとすると、みごとな日本語メニューをつくってしまう韓国の人々に薄気味悪ささえ覚えた。韓国の人たちが内包している日本が怖かったのかもしれない。いや、僕自身が抱えもっている韓国を怖れていたのだろうか。

僕は韓国では日本語を使わない。韓国人が日本語で話すときは日本語を使うが、話しかけるときは英語を口にする。英語が得意ということではない。そのほうが楽なのだ。

三十年近く前だろうか。そのとき僕はカメラマンと、韓国語ができる在日韓国人と韓国に向かった。東海岸に近い新里《シルリ》という村で葬式に出くわした。カメラマンがその光景を写真に撮りたいといい、在日韓国人の青年が、葬儀の列にいた老人に声をかけた。老人は近くにいた別の老人と話をはじめた。許可するか、しないか……と相談していることはわかった。なにがきっかけだったのかわからないが、ふたりの老人の口調が激しくなり、やがて口論に発展してしまった。すると突然、ふたりの会話は日本語になってしまった。

その瞬間、背筋を冷たいものが走った。

ふたりの老人は、僕らが写真を撮りたいと交わしていた日本語もわかっていたのかもしれない。しかし日本語が封印されていた当時の韓国では、理解できないと装うほうが生きやすかった。ところが興奮すると、日本語になってしまうのだ。そのなかで、日本人は旅を続けなくてはならない。

僕が英語を使うようになったのはそのときからだった。

それから三十年の年月が流れた。日本の植民地だった時代に、日本語を教え込まれた世代は皆、年をとった。日本人が引き揚げたとき、二十歳だった人は、もう九十歳である。韓国でいま、日本語を理解できるのは、留学経験のある若い人たちという時代になりつつある。この三十年で、韓国のなかの日本は大きく変わったのだろうが、老人の多くが日本語を理解できるのに、それを封印していた時代を知っている身としたら、気軽に日本語を口にできないのだ。

僕は韓国という国を、できるだけ外国だと思い込もうとしていたのだろう。

韓国をはじめて訪ねた日本人たちが、明洞に集まってしまう理由はよくわかった。ほかのエリアの店に入っても、ハングルばかりでなにを注文したらいいのかさっぱりわからないのだ。いまでこそ、ソウル市内の店は、英語や日本語メニューを用意するようになってきたが、しばらく前までは、完全なハングルの世界だった。明洞にやってくるしかないのだ。

ソウルで日本語フリーペーパーを発行している日本人がいた。フリーペーパーは、広告で成りたっている世界だが、クライアントは明洞の店以外にないのだという。明洞は一平方キロほどの広さしかない。日本語フリーペーパーは、この狭いエリアで完結してしまうのだった。

明洞の外に出ることは、簡単なようで難しかった。これまでのように、わけのわからないメニューを指さすのなら、明洞を超えられなかった。ある料理を食べようとして店に入り、メニューの文字がわからないなかで注文していく。はじめの頃は、ソウル在住の日本人に教えてもらったりもした。

こうして入った何軒かの店を紹介しようと思う。どこの店も日本語メニューはない。僕が明洞の店を避けるようになってから数年になる。その間にも明洞は進化しているはずだから、紹介する料理のいくつかは、日本語が添えられて明洞の店にも登場しているのかもしれないが。

蒸しアンコウ

店は仁寺洞《インサドン》からしばらく歩いたところにあった。路地の片側に蒸しアンコウ屋が数軒並んでいた。店の前にその料理の写真が掲げてあるのでだいたいわかる。韓国にいると、焼肉やサムゲタンなど肉系がどうしても多くなる。明洞を出るなら魚だと勝手に決めていた。

このときは、ソウル在住の日本人が一緒だった。頼み方のコツをつかもうとする

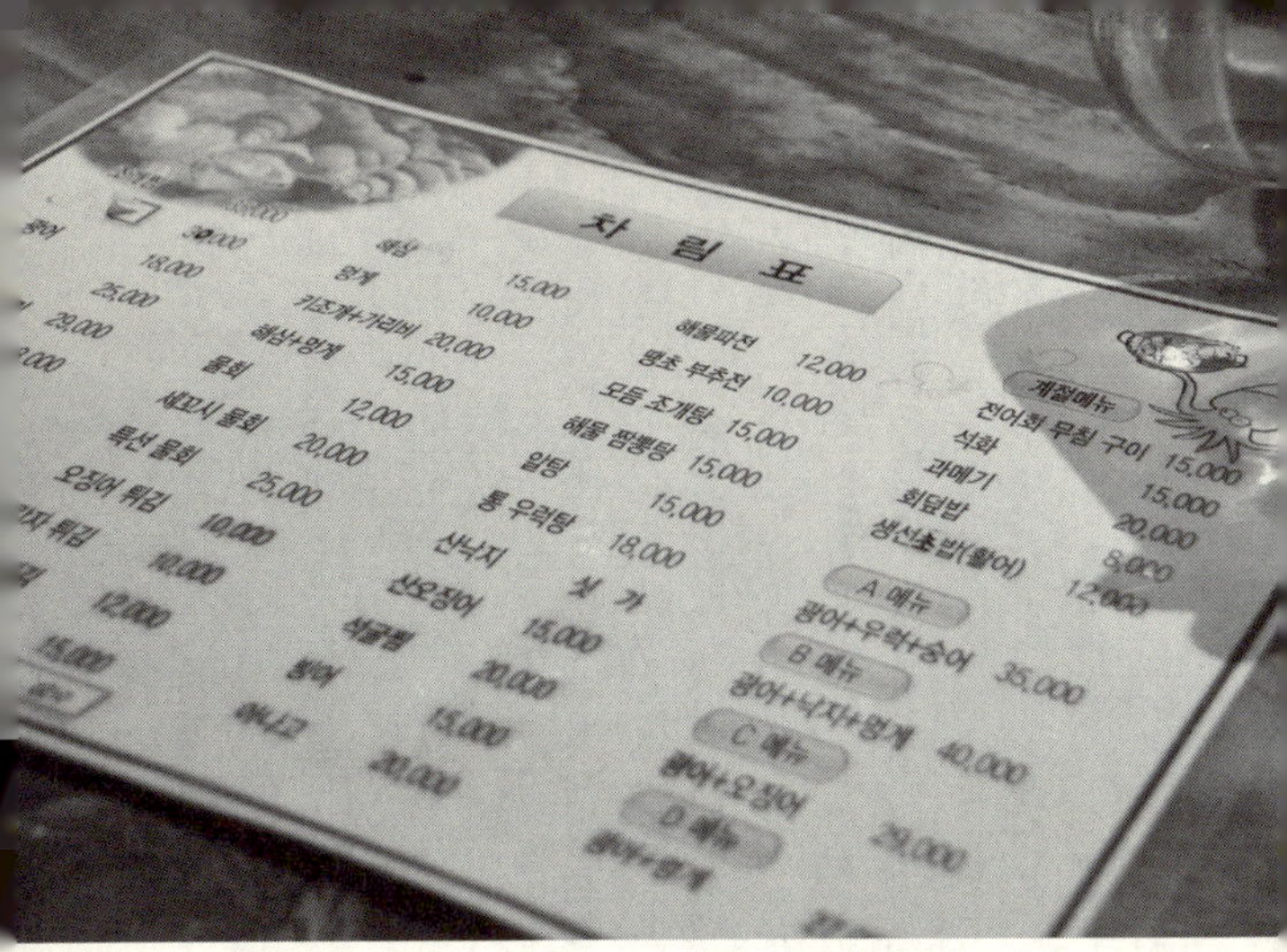

メニューを渡され、天を仰ぐ。読むことができる文字がひとつもない

思いもあった。

適当な一軒に入った。床に座るスタイルの店だった。店に入ると、半分ほどの席が埋まり、各テーブルには大皿に盛られたナポリタンスパゲティのような料理が置かれていた。これが蒸しアンコウ、韓国語でアグチムと呼ばれる料理だった。メニューは壁に掲げられていた。もちろんハングルだけである。いちばん上のメニューだけ、大中小という漢字があり、それぞれ、六万ウォン、五万ウォン、四万ウォンと書かれている。一万ウォンは約千円である。

「今日は三人だから、小でいいでしょう」

そういうと、知人は店員のおばさん

になにやら伝えた。その内容を解説してもらった。

「ここに来る人は、そう、八割ぐらいは蒸しアンコウを頼むんです。メニューのいちばん上にあるのがそれ。韓国の店って、専門店化する傾向が強いんですよ。あの店に行ったら、これを注文するって感じ」

「そのメニューって、だいたい、メニューのいちばん上に書かれてます？」

「そういえば……そうかもしれない。おすすめ料理ってことでもあるし」

この手法は使えるかもしれないと思った。韓国の店は、冊子型のメニューを用意してあるところはあまり多くなかった。大型店や外国人が多いと冊子型になるが、規模の小さな専門店は、だいたいが壁メニューである。

韓国での料理の注文は、メインの料理を注文すれば、三、四種のつきだしがついてくる。ほかに頼む必要がないのだ。別に注文するのは飲み物とご飯ぐらいだった。韓国人向けの店は、冷蔵庫が店内に置かれていて、そこにビールやソジュという韓国焼酎が入っている。店の人に頼むこともあったが、自分でとってきてもよかった。つまり関門はメイン料理の注文だけだった。そこを突破すると、平坦な道がその先にのびているだけだった。言葉ができなくても、なんの問題もないのだ。韓国料理の注文は、難しいようでいて単純な要素ももっていた。

ビールを頼んだ。するとおばさんが、サラダ、カクテキ、キムチ、煮込んだ揚げ風の練りもの、ワカメ、というつきだしをテーブルの上に並べた。しばらくすると、湯気をたてたアグチムが出てきた。スパゲティに見えたものはモヤシだった。ぶつ切りにしたアンコウを蒸し、湯がいたモヤシと一緒に辛めの赤いたれで和《あ》える料理だった。アンコウのうま味をたれで引きたたせる料理である。おいしいが、正直なところかなり辛い。

最後はご飯を入れ、チャーハンにする。このあたりは流れになっていて、頃合いを見て、おばさん店員が、チャーハンにするか?……と訊いてくる。このあたりも、言葉がわからなくてもこなせそうだった。流れに乗ってしまえばいいのだ。チャーハンはなかなかの味だった。アンコウのうま味が効いていた。

テンジャンビビンバ

昼に入ってみた。ここも壁にメニューが掲げてある。仁寺洞の路地に面したビルの二階にあった。ムギ飯に韓国風味噌であるテンジャンを加えた健康食だと聞いていた。日頃、酒飲み韓国人に引っぱられて酒の日々が続いている。年も考えたら健康食を選ぶべきではないかと考えたのだ。店には女性客やシニアの韓国人が多かった。壁メニューのどれがそれなのかわからなかったが、いちばん上に書かれている料理を指さした。七千ウォン、約七百円である。

ビビンバだから、ご飯の上に具が載せられてくるものと思っていた。ビビンバはそこにコチュジャンを加えて混ぜるが、その代わりがテンジャンではないか……と勝手に想像していた。

しかし次々に出てくる皿を前に固まってしまった。こんな皿が出てきた。
一、ニラと青トウガラシ、青い葉もの
二、ホウレン草のナムル
三、干した小魚
四、ワラビのナムル
五、牛肉の筋肉
六、味噌
七、スープ
そして最後にテンジャンチゲらしきものと豆の入ったムギ飯。

これをどうしろというのだろうか。テンジャンビビンバの注文までうまくいったが、その先に関門があった。この店のビビンバは、ゼロから自分でつくるスタイルだったのだ。宙を舞う僕の視線を敏感に察知したおばさん店員が、結局つくってくれた。ムギ飯の上に、ニラと青い葉ものを載せる。さらにワラビとホウレン草のナムル、牛肉、干した小魚を載せる。その上からテンジャンチゲをかけ、ごま油を少しかけて、あとはせっせと混ぜる。テンジャンチゲを少し口に運んでみたが、普通に出るテンジャンチゲよりやや濃い味つけになっていた。ご飯にかけることを想定しているようだった。

つくり方はそれほど難しくはないから、次に来たときは自分でできそうだった。

完成したテンジャンビビンバを口に運んだ。優しい味だった。滋味深いというのだろうか。野菜にナムル、干した小魚などが味噌の味にくるまれている感じだ。しかし見た目はよろしくない。はっきりいって「ネコまんま」である。体にいいことはわかるのだが。

クァメギ

だいぶ昔に連れていってもらったことがあった。地下鉄の鍾路3街《チョンノサムガ》駅から少し歩いたところにあった。クァメギはサンマの半干しである。産地は日本海沿いの九龍浦《クリョンポ》である。以前、九龍浦にある日本人町を訪ねたことがあった。そのときも、港に近い食堂でクァメギを食べた。好きな料理だった。

ソウルにあるその店は小さい。客が四組も入ればいっぱいになってしまう。ここでも壁メニューのいちばん上を指さした。三万ウォン。それがクァメギだった。

テーブルの上には、次々に小皿が運ばれてくる。ワカメ、ネギ、海苔、コチュジャン、ニンニク、キムチ、白菜、そしてクァメギ、半干しされたサンマは、幅一センチほどの太さに切られている。

この店は、切り盛りするおばさんがいい味を出している。客が少ないこともあるのだが、包み方をお節介おばさん丸だしで教えてくれる。白菜の上にワカメ、ネギを載せ、そこにクァメギを一切れ。あとは好みで、ニンニク、コチュジャン、トウガラシ、海苔などを載せて巻き、ぱくりと口に入れればいい。サンマとワカメの相性が優しい。氷点下の風にさらされたサンマは、控えめだが、舌の上に温かさを残してくれる。この店は毎日、九龍浦からクァメギを運んでいると、おばさんは身ぶり手ぶりで伝えてくれるのだった。

貝蒸し

鍋というより、四角いアルミ製のケースのような器がどんと出てきたとき、これ

貝蒸し料理の店では、これがどんと出てきた。韓国人はやることが大胆ですな

こういう外観に惹かれたら、明洞を離れる素質があると思っていい

庶民派食堂は内装で勝負はしません。味と値段です（貝蒸しの店で）

はいけそうな予感があった。なかには白濁したスープが入れられ、そこにはアサリ、ハマグリ、ムール貝、ホタテ、カキなどの貝が殻つきのまま無雑作に放り込まれている。どこか漁師たちが浜で食べる料理のような趣があった。チョゲチムという料理である。チョゲが貝、チムが蒸す……。これで三万ウォン。地下鉄往十里《ワンシムニ》駅から少し歩いた食堂街にある店だった。店内は雑然としていて、いかにも安食堂の趣である。テーブルを埋めているのはおじさんが多く、ソジュが似合う店だった。

ここもいちばん上に書かれているメニューの指さし方式でいけた。

食べ方は簡単だった。用意されたワサビ醤油に貝をつけて口に運べばいい。湯気の具合でわかるのか、食べ頃になると、店員がやってきて大きな貝をハサミで切り分けてくれた。貝の身を噛《か》むと仄《ほの》かな潮の香りが口中に広がる。それをうっすらとした辛みが引き立てる。気になってスープをすくって飲んでみた。白く濁ったそれには辛みがつけてある。見た目の大胆さからはなかなか想像ができない芸の細かさがある。

食べるものは貝だけである。韓国だから、一般的なつきだしはつくが、それは箸休め的要素が強い。ひたすら貝を食べていくことになるが、不思議と飽きない。ふたりでアルミ鍋を囲むと、ひとりで貝を十数個食べることになる。貝三昧である。

包みガキ

世界の国々には、天才的な食べ合わせというものがある気がする。それぞれの味を想像したところで、どうしても合わないのだが、一緒に食べると、臭みを打ち消し、おいしさを引き出すという絶妙の組み合わせになる。

たとえばタイ料理のパッタイ。タイ風焼きそばともいわれるが、タイではそれを食べるとき、バナナの芽をかじる。パッタイをつくるときは油で炒め、砂糖も入れる。バナナの芽をかじりながら食べると、油や砂糖の味が遠のき、料理にタイ人好みの爽快感が加わってくる。しかしバナナの芽だけを噛むと、苦味や渋味が口のなかに広がり、おいしさにはほど遠い。日本料理のすき焼きを溶き卵につける食べ方に近いものがある。すき焼きと卵は別ものである。卵を鍋に入れることは誰でも思いつきそうだが、溶き卵につけて食べるという方法との間には、高い壁がある気がするのだ。パッタイにしても、すき焼きにしても、偶然や食への探究心が重なった進化の跡がある。こうして食の世界は広がってきたのだろう。

韓国料理の場合、そのひとつが豚肉という気がする。次に紹介する発酵エイ（ホンオフェ）もそうなのだが、豚肉が重要なポイントになる。

包みガキを頼むと、これが出てくる。さあ、いってみましょう。包み方は36ページで

さて、包みガキ。韓国語でクルポッサムという。メニューはやはり壁にあり、いちばん上のメニューは、大中小に分かれていた。いつもの韓国スタイルである。大は三万ウォン、中は二万五千ウォン、小は二万ウォンだった。それを指さすと、テーブルには、生ガキ、茹で豚、アミの塩辛、テンジャン、ニンニクの輪切り、キムチ、サンチュと韓国では呼ばれる包み菜が並んだ。

不安そうな僕の視線を察したのか、おばさん店員は、「この忙しいのに……」という面もちのなかに、「ちゃんと覚えなさいよ」といった得意げな表情を浮かべて、テーブル脇で立ち膝をつくり、ゆっくり包みはじめてくれた。

手のひらにサンチュを載せ、そこに茹で豚、アミの塩辛、生ガキ、キムチ、ニンニク、テンジャンを順に積んだ。そしてサンチュでくるんで手渡してくれたのだった。

生ガキと茹で豚……僕の頭のなかでは異質のものだった。だいたい、肉と魚介類は一緒に食べることは少ない。刺身と豚肉を同時に頰ばるようなものなのだ。

「……？」

いけるのである。どちらかというと生ガキの味が勝っているが、その後ろを、そう一メートル後方にぴたりとつけて走るマラソンランナーのように、茹で豚の味が

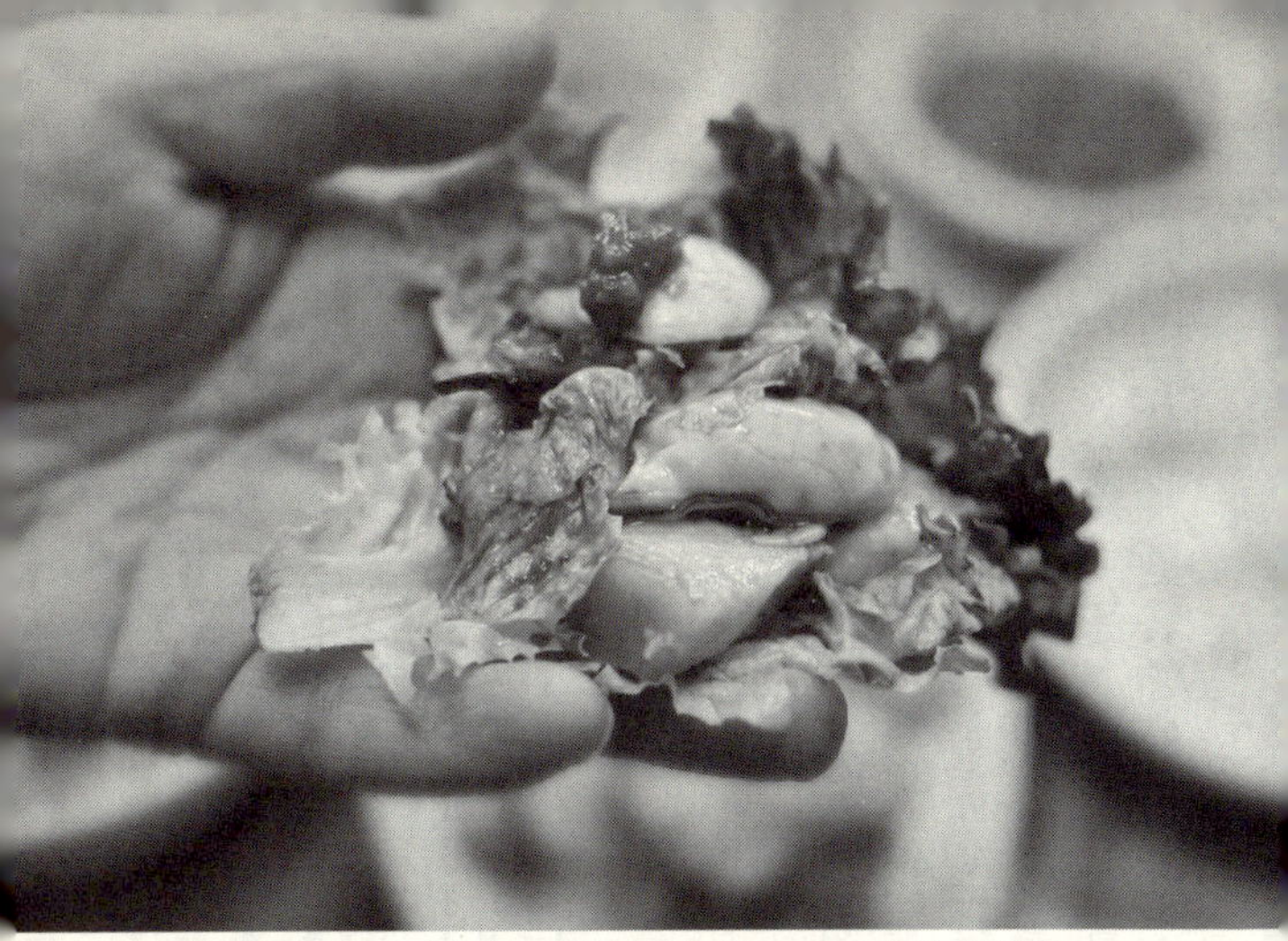

カキと茹で豚はこうして包む。どう見てもグロテスクだが、味は「!!」

やってくる。そしてそのあとから、三位争いの集団のようにアミやキムチの味が混ざりあって口のなかで広がっていく。

この料理はもともとポッサムという料理だった。茹で豚を包んで食べていた。そこに、「生ガキを加えてみたら……」と発想した韓国人がいたのだ。僕のような平凡な舌をもつ者にはなかなか思いつかない大胆さである。いや、無謀にも映る。ところが、一緒に食べてみると……いけてしまうのである。人間には一定の割合で、食べ合わせの天才がいるらしい。こうしてクルポッサムという料理が誕生した。クルはカキを意味する。

店は地下鉄の鍾閣駅に近い路地にあった。この種の路地はピマッコルというのだと教えられた。避馬通りという意味になる。朝鮮王朝時代に高官が馬に乗って大通りを通ると、道端でひれ伏さなくてはならなかった。いちいちそんなことはしていられない……と大通りの裏につくった路地だという。そこを通る人のほうが多くなるのは当然で、店もこの路地に集まるようになったのだという。しかしこの路地も再開発の波に呑み込まれ、あまり残っていない。包みガキの店は、そんな路地に面していた。

発酵エイ

好奇心もあったが、踏み留まる経験ももっていた。ガンギエイというエイはサメと同じグループで、発酵させると涙が出るほどのアンモニア臭を漂わせる。とても人が食べるものには思えないのだが、「僕はこれが好きでね」などと粋がる単純な男はどこにでもいるものだ。こうして定着していった料理という気がしていた。

上海のレストランでこれを頼んでしまったことがある。霉子張蒸肉餅子。漢字の意味がわからなかったが、肉を蒸して餅で包んだような料理を想像した。そのときは男だけ数人が丸いテーブルを囲んでいたが、中央に置かれた皿から発せられる臭

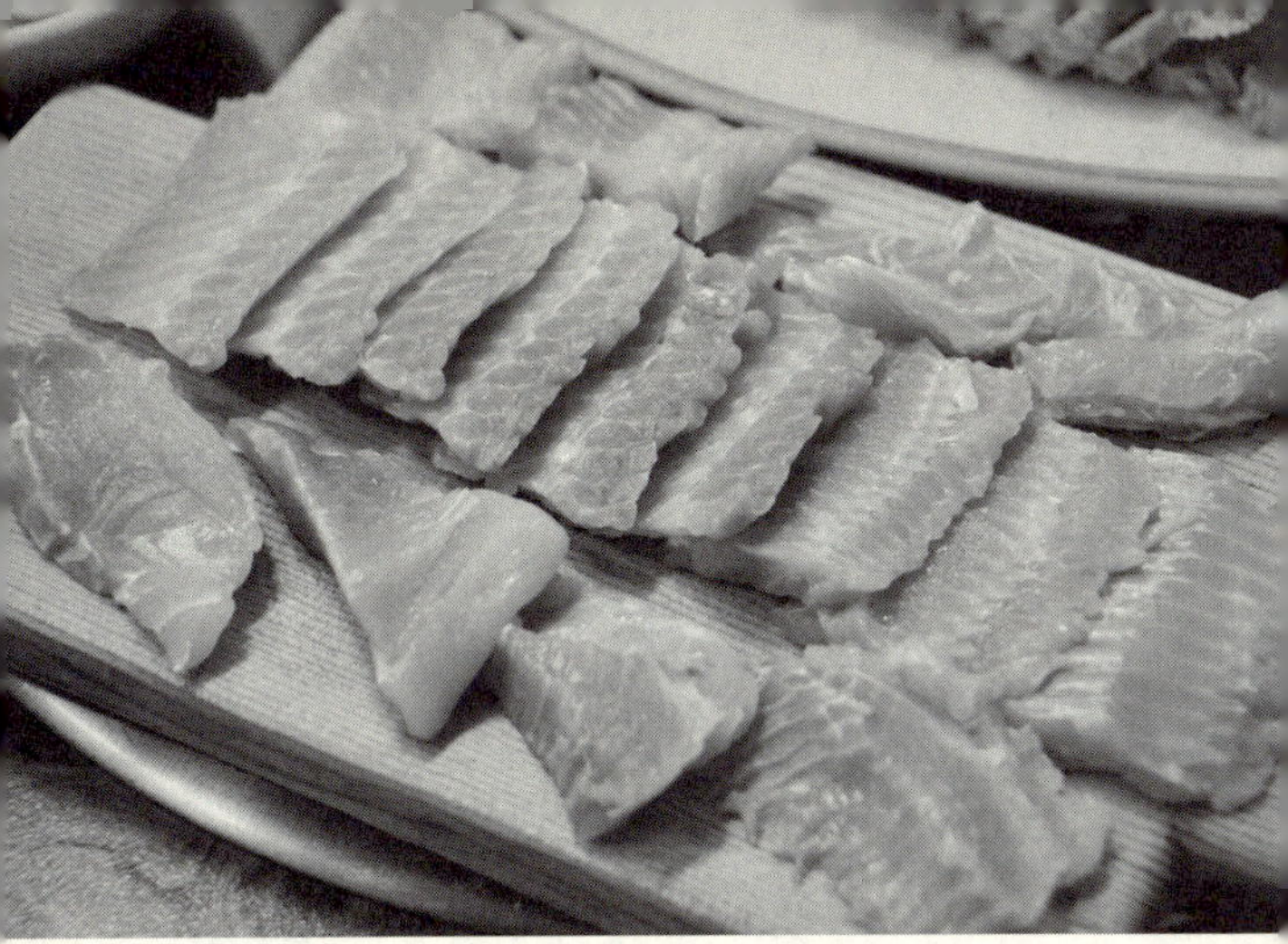

これがエイを発酵させたホンオフェ。見た目は刺身なのですが……

気に、皆、腰が引けた。注文をしたのは僕だった。「責任をとれ」という言葉が聞こえたわけではないが、誰も手を出さない無言の重圧のなかで、それを口に運んだ。アンモニア系の刺激臭に涙がぼろぼろ出てきた。舌が痺《しび》れ、味もわからなくなった。半分ほど頑張って食べたが、もう箸が動かなかった。

それをソウルで……。地下鉄の安国《アングク》駅からその店に向かう足どりは重かった。案内してくれたのは、ソウル在住の日本人女性だった。この料理が好きなのだという。

ガンギエイを発酵させた刺身はホンオフェという。それを豚肉の上に載せ、キムチで包む食べ方をサマプという。

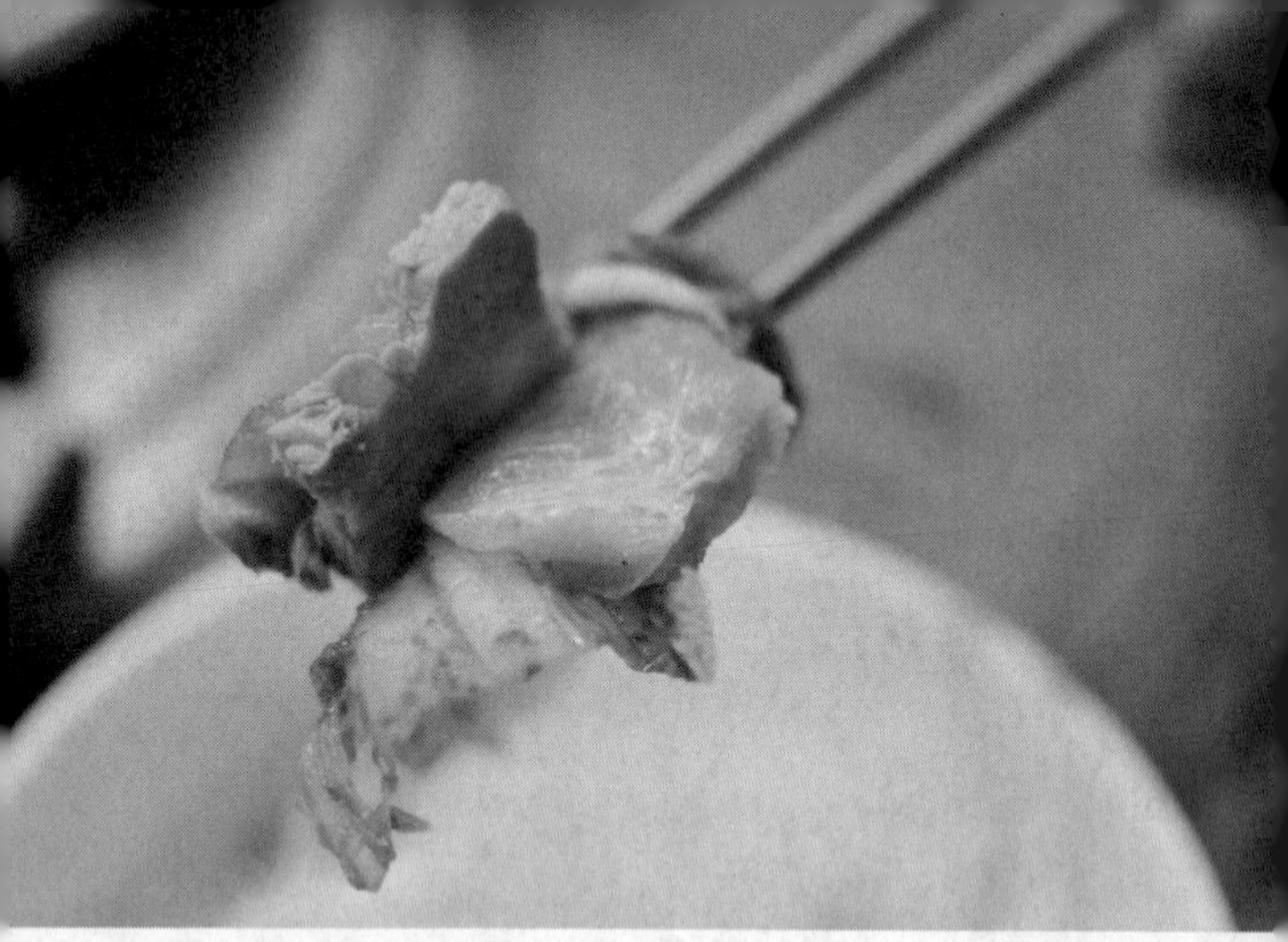
ホンオフェと豚肉をキムチで包むと……。韓国人が到達した食の異空間だ

店ではこの料理をホンオサマプと呼ぶことが多い。今回は韓国語がわかる知人がいるので注文で困ることはなかったが、値段で迷った。この店のホンオサマプは、ふたつの料金があった。小で七万五千ウォンと四万ウォン。ずいぶん差がある。

「高いほうは韓国の黒山島《フクサン》産、安いほうはチリ産です」

せっかくだから……と黒山島産ということになったが、けっこうな高級料理である。

テーブルにはアミの塩辛、キムチ、コチュジャン、ニンニク、ワカメなどが並べられ、続いて蒸した豚肉とホンオフェが出てきた。鼻を近づけるとアンモニア臭がつんとくるが、上海のそれより臭気は弱い気がする。しかしここでも豚肉……。知人が基本的な食べ方を披露してくれた。

まず白菜キムチをとり、その上に豚肉、そしてアミの塩辛を少々載せる。ホンオフェはその上に置き、キムチで包んでしまう。いわれた通りにして口に運んだ。

「……？」

においないのだ。不思議だった。厳密にいうと口に入れる瞬間、強い刺激臭が鼻腔に届く。しかし口のなかに入ると、スーッと消えてしまうのだ。

なぜなのだろうか。ひょっとして豚肉かもしれない。包みガキの料理が頭に浮かぶ。試してみた。ホンオフェだけをキムチで巻いて食べてみる。続いてそこに豚肉を加えて口に運んでみる……。

当たりだった。豚肉だった。蒸した豚肉と一緒に食べると、臭みが和らいでしまうのだ。なぜなのかはわからないが、韓国人のなかには、ひとつの経験則があるのかもしれない。においがきついものやくせのあるものは、茹でたり蒸したりした豚肉と一緒に食べればいい。韓国料理が少しわかってきたような気がした。

お代わりできないつきだしという韓国人の遠慮

韓国料理には、メイン料理のほかに、さまざまなつきだしがついてくる。そしてそれがお代わり自由であると、だいたいの人が思っている。実際、日本で発行されているガイドブックにも、そう書かれている気がする。

しかしすべてのつきだしが、お代わり自由というわけではない。そのあたりはちょっと難しいのだが。

四、五年前、ひとりの韓国人と昼食をとった。彼は東京で暮らしたこともあり、日本語をうまく操った。店は東大門《トンデムン》にある焼き魚定食の店だった。何種類かのつきだしが出た。そのなかにイカとイカのわたを炒めたようなものがあった。

珍しいつきだしだった。白いご飯によく合う味だった。彼もそのつきだしに最初に箸をつけた。そして全部をご飯の上に載せて食べた。そのつきだしの皿は空になった。僕の皿も空になった。内心、お代わりを頼もうかと思った。しかし彼は黙っている。なにか、このつきだしは特別というような雰囲気が伝わってくる。

「このつきだし、お代わりしたいんだけど」

彼はちょっと困ったような表情をつくった。

「お代わりといえば、たぶん、お店の人はもってきてくれると思うけど……。

この店、魚がおいしいからときどき来るんですけど、このつきだしはいつも出るわけじゃないんです。たまたまイカが安く手に入ったときだけかもしれない。

そういうつきだしって、お代わりしにくいんですよ。周りを見ていても、このつきだしのお代わりをしている人は誰もいないんです」

「……」

そういうつきだしもあったのだ。

しかしどれがお代わりができ、どれができないか。その境界はどこにあるのだろうか。気になってしかたなかった。

「そうですね。値段の高さかな。高そうなつきだしは、ちょっと遠慮するのが、普通ですね」

「高そうなつきだし……。それ、日本人には難しいよ」

「そんなことないですよ。普通に出てくるようなものはだいたい大丈夫。珍しいものは遠慮すればいいんです」
「珍しいもの……」
これまで食べた料理のつきだしを思いだしてみる。つきだしは料理名がついていないので、説明が難しいのだが。彼にも協力してもらった。

キムチ

これにもいろいろ種類があるが、白菜キムチ、カクテキは絶対に大丈夫。それ以外の野菜系のキムチもだいたいお代わり自由と思っていいようだ。

変わりキムチ

ここが難しい。店のオリジナルのキムチを出すところもある。漬かりぐあいにこだわる店もある。同じ店に何回か通ってみるのがいちばんいいそうだが……。魚介類がたっぷり入っているものは、やはりそれなりに経費がかかっている。遠慮するのが筋だが、周りを見ていればだいたいわかるらしい。つまり、ほかの客がお代わりしているか、どうか……だ。韓国料理も気配りの世界なのか。

貝蒸し料理のつきだし。どれがお代わり自由か、わかります？

包みガキ料理には、これだけのつきだしが。ちょっとうれしくなる

練りもの系

なんといったらいいのだろうか。薄い薩摩揚げとでもいおうか。それを煮込んだつきだしはよく出る。店によってはうっすらとした甘みがついているところもある。基本的にどうってことはない味で、つきだしのなかでの存在感も薄い。これはお代わり大丈夫。

小魚系

甘露煮にしたような小魚が出ることが多い。これもお代わり大丈夫のように思うが、経験的に見て皿が空くことはほとんどない。キムチほどの量を食べる人が少ないのだ。ちょっとつまむ程度の人が多い。

巻き素材系

韓国料理は、巻いて食べることが多い。メインの料理をサンチュ、ワカメなどでくるみ、そこにコチュジャンやニンニクの輪切り、青唐辛子などを載せる。人によっては、そこにご飯も載せる。巻くための素材系は、お代わり大丈夫。

お代わりが問題ないのは、このあたりだろうか。それ以外になると、店のオリジナルや少し値が張るつきだしになることが多い。周囲を見まわすなど、気遣いが必要になってくる。

しかしこのつきだしがおいしい。悩ましいところなのだ。

第二章　酒

どうしてそこまで飲むのか……という呟きの日々

韓国には解けない謎が山のようにあるが、そのひとつが酒である。なぜ、あんなにも飲むのだろうか。僕も酒を飲むが、韓国の人たちには、やはりついていけないのだ。

僕には韓国で酒を飲むパターンがふたつある。ひとつは、日本人の知人や韓国人も混じっての飲み会スタイルである。もうひとつは、韓国を歩きながら、同行するカメラマンと一緒に駅前の食堂などで飲む酒である。

つらいのは飲み会である。ソウルの路地裏の店からはじまることが多い。飲み会に誘われるようになった頃、僕は一軒目の店で終わるものだと思っていた。そのつもりで、彼らのペースに合わせて、ソジュといわれる韓国の焼酎のグラスを重ねていたのだが、さて、そろそろお開きという段になったとき、ひとりの韓国人がこう皆に伝えたのだった。

「二次会は、この路地の入口にあるチキン屋です」

ほとんどの人が反応しなかった。皆、一次会が終われば帰宅する予定で、二次会の場所など関心がないようにも受けとれた。僕自身、翌日には用事があったから、ここで宿に戻りたい思いはあった。

精算をすませ、皆、店の外に出た。寒い時期だった。メンバーはベンチコートやダウンを着込んでいる。吐く息が白い。氷点下一〇度ぐらいにはなっている気がした。

店の前で十数人がかたまっていたが、皆、立ち止まっている。日本だったら、このシーンで、

「明日の朝、早いんでここで失礼します」

といった言葉が飛び交う。ほかの人たちもそこで引き留めたりはしない。ところがこの集団のなかから、そんな会話は聞こえてこなかった。なかには三人ほどの若い女性もいた。日本人も三人いた。しかし全員が、二次会の場所を告げた男性のあとを追って歩きはじめたのだ。

「全員が二次会に行く……」

ひとり、宿に戻ることができる雰囲気ではなかった。男たちはかなり酔っぱらっていた。誘ってくれた日本人に訊いてみた。

「そうですね。九九パーセント、二次会はありますね。それを考えて、一次会では

酒をセーブして飲まないといけないんですよ」

「……」

すでに遅かった。注がれるままにソジュを飲んでしまった。気分もいい。しかし二次会となると、明朝のことが気になってくる。

チキン屋は歩いて二分ほどの近さだった。二階にある広い店だった。薄暗い店だが、カウンターには天井からグラスが吊るされている欧米風の店の雰囲気である。一軒目は座るスタイルだったが、ここは椅子とソファである。

数分、外にいただけだが、体は冷えきっていた。店内の暖房がありがたかった。皆、ソファに座ると、メニューからガーリック味や辛い味のチキンを頼んでいる。

「まだ、食べるのか……」

と戸惑っていると、ピッチャーに入ったビールがどんと各テーブルに置かれた。そういえば、飲みものについてはなにも訊かれていない。

日本で二次会というと、強めの酒に変える人が多い。一軒目はビールを飲んでいた人も、二軒目になると、焼酎のウーロン茶割りなどを頼む。ビールに飽きてきたということもあるのだろうが、もう少し込み入った話が待ち構えているという思いもある。僕も二次会と聞いて、どうしたものかと思いあぐねていたのだが、なにひ

こういう店が二次会で使われるチキン屋。なぜか内装は洋風と決まっている

韓国人がいちばん好きな肉。それは鶏肉ではないかと思う。二次会の呟きです

と一つ訊かれずにビールになった。再び日本人に訊いてみる。

「そうですね。二次会はだいたいビールですね。そう決まっているわけじゃないけど、そういう店を選ぶことが多い気がするな」

日本と逆なのである。

ソウルの気候は、日本より乾燥している。冬場は暖房を効かすから、湿度はもっと下がっているのかもしれない。かなりの量のソジュを飲んでいたから、これ以上の酒はきつい気がしていたが、暖房も手伝って、なんとなくビールが飲めてしまうのである。そういう環境のなかで、この二次会スタイルが決まってきたのかもしれない。

その店には二時間ほどいただろうか。そろそろ帰る時刻である。声がかかり、店を出た。さすがにここでは帰る人がいた。女性たちは、手を振って地下鉄の入口に向かっていった。二次会の終わりが、日本人の一次会の終わりのようなものだった。

「ん？　まだ十人以上が残っている」

よく見ると、帰ったのは女性だけだった。男はその場に皆、立っている。

「三次会？」

そうだった。韓国人同士でいろいろ話している。どの店にするか決めているようだった。またしても日本人に訊いてみる。

「そうだな。五〇パーセントぐらいは三次会があるかな」

「……」

ここでやめればいいのだが、帰ったのが女性だけというシチュエーションのなかでは、なかなか「帰る」とは口にしづらい。三次会は徹底してソジュの世界である。つまみもタニシの和えものになったりして、おじさん酒の世界にわけ入っていく。男たちのペースを見ていると、一軒目でソジュをひとり二、三本は飲んでいる。そこそこできあがっているのだ。「酔った」という感覚を百とするなら、八十ぐらいまでのぼり詰めている。チキン屋で、それを六十ぐらいまで下げて、三次会で本格的な飲み会になって、議論が白熱してくるという流れに思える。

「三次会がいけなかった……」

ソウルの安宿のベッドのなかで、傍に置いたペットボトルの水をぐびぐびと飲みながら後悔することになる。酒精は体じゅうに残っていて、もう生きていくのが嫌になるほど落ち込んでいる。三次会の店から、どうやって帰ってきたのか……コンビニで水を買った記憶は朧《おぼろ》げに残っている。床に脱ぎ捨ててあるズボンの後ろポケットのなかから財布をとり出し、残り少なくなった一万ウォン札の数にまた落ち込む。

ある日本人にいわせると、これを毎日繰り返しているサラリーマンは少なくないのでは……という。

どうしてそこまで飲まなくてはいけないのか。

仕事のストレスが溜まっていることは僕にもわかる。しかしそこまで飲まなくてもいいものを……。

カメラマンとふたりで、駅近くの食堂に入ったときは、また別のシチュエーションが待っている。店を探しながら、カメラマンとはこんな会話を交わすことが多い。

「今日はビールだけにしておきましょう。とにかくソジュは残るから」

「明日も朝から取材ですしね」

「ビールじゃなかったら、マッコリにしよう。あれはアルコール度数が五、六パーセントっていうじゃないですか。ソジュはいけない。なにしろ二〇パーセントのアルコールですから」

「昨日のソジュはきつかったですよ」

かくして店に入る。言葉は通じないが、なんとか注文を終え、隣のテーブルを見ると、若いOLがふたり、チゲ鍋を囲んでいる。中央に鍋があり、周りに何種類かのつきだしが並んでいる。韓国ではあたり前のテーブルである。その脇にソジュが二本置かれている。ふたりはそれをグラスに注ぎ、くいくい飲んでいるのだ。なかなかきれいな女性たちだったが、飲みっぷりもきれいだった。くいっとひと息で飲んでしまうのである。

その光景を眺めながら、カメラマンとふたりでビールを飲む。当然だが、こちらは男がふたりである。

「韓国料理って、考えてみれば割安なのかも。メニューの料金を見ると三万ウォンとか四万ウォンって書いてある。日本円で約三、四千円。ちょっと高いかなって思うけど、それには数種類のつきだしが無料でついてくるでしょ。キムチとか、小魚とか、練りものとか……。酒のつまみ込みの料金ですからね」

「そう思うよ。ときどき、メインの料理がなくてもいいと思うもの。つきだしだけでソジュが飲めるものな」

そう口にして、「しまった」という思いが走る。ソジュに傾いている。隣にいる若い女性の飲みっぷりに引っぱられてしまった。カメラマンとの間を、怖い沈黙が支配しはじめる。男の沽券《こけん》？　そんなことを意識して食堂に入ったわけではない。

しかしぐいぐいとソジュを飲む若い女性の横で、ちまちまとビールを飲んでいるのも……と考えはじめてしまう。ふたりは二本のソジュを空にし、もう二本を注文した。こちらはビールである。しばらくすれば、互いに打ち解けて、安食堂での日韓交流という状況がやってくるかもしれない。そのとき、相手はソジュでこちらはビール……いや、そんなことはありえない、などと思いながら、キムチを口に運ぶ。カメラマンがなにを考えているのかはわからない。しかしテーブル上の沈黙は気にかかる。

「一本だけ、頼みますか」

かくしてソジュの夜がはじまってしまうのである。

それから三十分ほどがすぎた。僕らはソジュを一本空けた。若い男性がふたり、店に入ってきた、すると、隣の若い女性のひとりが、「こっち、こっち」と手を挙げたのである。

「……」

日韓交流の風船はしぼみ、再びカメラマンとの間には重い沈黙が訪れることになる。

隣の席では、さらにソジュが並び、楽しそうな会話が聞こえてきた。それが空になると、四人は腰をあげた。そしてコートを着ると、そろって店を出ていった。

「合コンですね。ひと組のカップルがいて、互いの友達を連れてきたってシチュエーションじゃないですか」

「これからチキン屋かカラオケっていうパターンでしょうね。そこで、アドレスの交換ですか」

ソジュを飲むピッチが早くなってきてしまった。

「それにしてもですよ。合コンはわかります。少し早めに女性だけ店に来て、その男性の話をするのもわかります。でも、そのとき、女性ふたりでソジュを飲みます？　二〇度前後っていっても焼酎なんですよ？　それを割らずにくいくい飲みますか？」

「日本だったら、お茶ですよ。飲んでも、薄いカクテルっぽいものとか、ビールとか。だって、これから男と会うんですよ」

「そうだよな。日本じゃ、あまり飲まないよな」

韓国では、入社面接のとき、ソジュを何本まで飲めるのかと訊かれることがあるようだ。男性なら三本、女性なら一本の半分……という量が模範解答だという。健康診断のときの問診票にもソジュの欄があるとも聞いた。一週間の本数を問われ、

「五」などと書き、医師から、「本当は十五本でしょ」などといわれるわけだ。

これは僕の個人的な感覚だが、ソジュを三本飲むと、かなり酔う。隣に座っていた女性たちは、ふたりで四本のソジュを空にした。ひとり二本である。そこに男性が加わった。そこでもソジュを飲んだわけで、ひとり二本半ぐらいは飲んだことになる。

どうしてそこまで飲むのだろうか。

そう文句を並べながら、僕らも二本目が空になってしまった。このまいったら、またつらい朝である。隣に座った若い女性に対抗してソジュを飲み、そして二日酔いというのも、寂しい話ではないか。すでに酔いがまわりはじめている。

ソジュはアルコールが二〇度前後の焼酎である。ソウルでは眞露社のチャミスルというソジュをよく見かける。一本が三百六十ミリリットルだ。スーパーやコンビニで買うと、一本千三百ウォンほどだ。百三十円ほどである。飲食店で頼むと四千ウォンほどになる。日本の酒類に比べるとかなり安い。この安さがひとつのポイントだとは思うが、その話は追ってすることにして、アルコールの強さを比べてみる。

アルコールの度数は、そのなかに含まれるアルコールの割合だから、度数でだいたいの比較はできる。

一般にアルコール度数は、ビールが五度前後、ワインが一四度前後といわれる。日本酒とソジュを比べてみると、日本酒が一五度前後、ソジュ一本は日本酒二・五合ほどになる。つまりソジュをひとりで二本空けたということは、五合の日本酒を飲んだことになるわけだ。こう考えてみると、酔うのもあたり前だと思う。僕らの隣にいた若い女性は、ひとりで日本酒なら五合以上のアルコールを飲んだことになる。

日本にいて、日本酒を五合飲んだというと、僕のなかでは、かなり飲んだ部類に入る。酒の強さは人によって違うのだが、日本酒五合というのは、日本人の常識から考えれば、やはり「よく飲んだ」という量だと思う。韓国人たちは若い女性たちでさえそれを軽く超え、飲み会の多い男たちは、毎日、一升酒を食らっているようなものなのだ。これは尋常ではない。

なぜ、彼らはそこまで飲むのだろうか。

その答を料理に求める人もいる。あのつきだしである。ガイドブックには、つきだしの多さを、豪華さのように表現し、テーブルの上に十種以上のおかずがずらりと並ぶ韓定食を韓国グルメの枠組みのなかで語ったりする。たしかに小皿にさまざまな料理が盛られて出てくるのは豪華だが、酒という視点から見れば、つまみのオンパレードみたいなもので、酒を飲むためにできあがった料理のような気にもなってくる。韓定食という料理は、宮廷料理の流れをくんでいるのだが、韓国人は昔からとんでもない酒飲みだったのかもな……などと考えてしまうのだ。そしてその料理に合う酒がソジュということになるのだろうか。

そう結びつけると、ソジュとは、欧米人にとってのワインともいえる。欧米人は食事のときのワインにこだわる。

一般的なワインは、一本、七百五十ミリリットルである。この量がふたりで食事をするときの適量ともいわれている。ひとり一本の半分というわけだ。そのアルコール量は、ソジュ一本より少ない。仮に食事のとき、ソジュを二本、空にしたとすれば、そのアルコール量はワインをひとりで一本半以上飲んだことになってしまう。ソジュは強い酒なのだ。欧米人より多くのアルコールを飲んでいることになる。

ソジュの歴史は古い。かつては王宮のなかで飲まれている酒だった。薬とされていた時期もあったという。しかし近代化のなかで、ソジュは庶民の酒になっていく。日本の植民地になる前は、家内工業のようにしてつくられていたようだ。その規模は小さく、四十坪ほどの工場に、蒸留器がひとつといったレベルだった。

日本の植民地時代、その製法は進化を遂げたという。米を蒸す道具を甑《こしき》というが、

ソウルではこの種の屋台がどんどん減っているが、二日酔いは減らない

それが金属製に代わり、焼酎だめに冷却蛇管がとりつけられ、大量生産の道を歩みはじめる。酒の製法では、日本のほうが早く近代製法をとり入れていたということなのだろうか。一九二四年には、眞露の前身である真泉醸造商会も生まれている。眞露は現在、ソジュの最大メーカーである。

しかし、太平洋戦争後、韓国のソジュはあらぬ方法に進みはじめる。それまでのソジュは、米からつくった焼酎だった。日本式にいえば米焼酎である。

だが、戦後の貧しさのなかで、希釈式の焼酎が生まれる。希釈式というのは、イモや糖蜜などからつくられた単なるアルコールを薄め、添加物で風味をつけただけのものだった。このほうがはるかに安かった。

希釈式の酒は、多くの国にあったはずである。貧しい時代を支える怪しげな酒として広まっていく。味よりも、とにかく酔うことができればよかった。日々のつらさを一時、忘れさせる酒だった。しかしそれは表には出ることができない裏の酒でもあった。悪い噂がつきまとう酒でもあった。

日本も戦後の闇市では、怪しげな酒が存在感をもっていた。俗にいうバクダンである。人の体には有害なメチルアルコールを含んだ酒だった。メチルアルコールは中枢神経に悪い影響を与え、濃いものを一気に飲むと失明するともいわれていた。無害なアルコールはエチルアルコールだが、これは高かった。そこでメチルアルコールという工業用アルコールを加え、嵩《かさ》を増やして火にかける。メチルアルコールはエチルアルコールより先に蒸発する。こうしてつくられたのがバクダンだった。しかしこの蒸発が不完全な酒がかなりあり、それを飲んだ日本人は、ひどい頭痛やめまいに苦しんだ。それでも人はバクダンを飲んだ。人は貧しく、生活が苦しいほど、酒に手がのびるものだ。

失明——。思い出す酒があった。タイのメーコンウイスキーである。正確にいうとウイスキーもどきなのだが。三十代の前半、僕はタイ語を学ぶためにバンコクに暮らしていた。タイ人の家に下宿をさせてもらっていた。周りには酒好きのタイ人も多く、下宿の一階や家の前のベンチで、毎日のように酒盛りがあった。僕もその輪に加わることは多かった。飲んでいたのは、もっぱらメーコンウイスキーだった。これをソーダや水で割って飲む。ベンと呼ばれるハーフボトルは、日本円にして二百円ほどだった記憶がある。ビールが一本、同じぐらいの値段だった。メーコンウイスキーはやはり安かった。

メーコンは粗悪な酒だといわれていた。毎日、大量に飲んでいると、目を悪くするとよくいわれた。日本のバクダンに似ていたわけだ。メチルアルコールが残っていたことがあったのだろうか。

この希釈式の酒は、韓国でも悪い噂を耳にしたことがある。日本の植民地時代の話である。当時、安い酒としてすでに希釈式の焼酎があったようだ。韓国南西部の都市、木浦《モッポ》で聞いた話では、日本軍は焼酎に少量の毒を加え、植民地支配に反抗するエネルギーを削ごうとしていたのだという。この毒がメチルアルコールなのかもしれなかった。

体に害を及ぼす怪しげな酒は、世のなかが落ち着くにつれて姿を消していく。そしてアジアを席巻していくのが、エチルアルコールを薄め、風味をつけただけの酒だった。安全な希釈酒といったところだろうか。人々は本物の酒に走るほど豊かではなかった。しかし欧米風の暮らしへの憧れが強い時代だった。そのすき間に、エチルアルコールの希釈酒が、本物のような顔をして広まっていった。

僕の学生時代は、日本ウイスキーの全盛期だった。金がなかったから、飲む酒といえば、一本千円もしないウイスキーだった。しかしこの種の酒は、本来のウイスキーではないという人たちがいた。ウイスキーというものは本来、大麦やトウモロコシを糖化、発酵させ、それを蒸留し、樽に詰めて熟成させたものだという。日本で売られているウイスキーは、その手順を踏んでいないから、ジャパニーズウイスキーというべきだという主張だった。その裏には、「日本のウイスキーは希釈式だ」という言葉が潜んでいた。しかしそうはっきりとした表現を選ぶことができなかった。本当に希釈式かどうかの確証が得られなかったのだ。

酒の販売戦略にはイメージが必要なのだろう。欧米文化への日本人のコンプレックスを刺激するように広まっていった酒である。日本のウイスキーのつくり方は、企業秘密の域からなかなか出ることができなかった。

週刊誌の記者をやっていたとき、この疑惑に触れたことがあった。発売日、広告局の社員が、少し慌てた声で内線電話をかけてきた。ウイスキーメーカーが、次号から広告をとりやめると連絡してきたというのだった。デスクや編集長を交えた会議になった。メーカーは、そこまでナーバスになっていた。

あの頃のアジアには、実にさまざまなウイスキーがあった。ウイスキーを真似た壜なのだが、飲むと甘いシロップ風の酒だったり、薬草酒のような味がするものも多かった。焼酎風味のウイスキーも多かった。そのほとんどが希釈式の酒だった気がする。

しかし韓国は事情が違った。政府は一九六五年、穀物法を発表する。それは太平洋戦争、朝鮮戦争と続いたあとの食糧難から脱却することを目的にした法律だった。そのなかで、穀物を原料にする酒類の製造が禁止されてしまった。メーカーは米などの穀物から焼酎をつくることができなくなってしまったのだ。しかし人々は酒を求めていた。食糧難だから、満足な食事もとれなかったのかもしれない。しかし働かなければ、その少ない食糧も手に入らない。きつい仕事の日々。酒は飲みたい。しかし高い酒には手が出ない。メーカーは、外国から安いアルコールを買い、それを薄めるだけの酒に活路をみいだしていく。

韓国のソジュは希釈式だけになっていく。ほかのアジアの国々のメーカーは、希釈式をひたすら隠しながらウイスキーを売り続けた。しかし韓国では、堂々と希釈式といわなくては酒を売ることができなかったのだ。酒ということからいえば、五十歩百歩なのだ。やや甘い味つけのソジュは希釈式として売られ、琥珀色のウイスキーはその原料が隠蔽されたが、飲んでいるのはエチルアルコールなのである。酒飲みというものは、それでいいのかもしれないが。

希釈式の酒は、生活が豊かになっていくなかで、しだいにその人気に陰りが見えてくる。人々は少し高くても、本物の酒に関心をもちはじめるのだ。日本の焼酎ブームは、その象徴だった気がする。日本人は手のひらを返したように、ウイスキーを離れ、焼酎に走りはじめる。これが本格焼酎ブームである。

日本の焼酎にも、希釈式と米や麦からつくる焼酎があった。かつての酒税法の分類でいうと希釈式が甲類、米や麦からつくる焼酎が乙類である。日本人はぞろぞろ、甲類から乙類へ移っていったのだ。ウイスキーも、本来の製法に沿った本格的なものが日本でつくられ、世界的な評価を得るようになった。

タイのメーコンウイスキーも、希釈式の酒として同じような道を歩んでいく。最近ではメーコンウイスキーを飲む人はほとんどいない。メーコンウイスキーを置いていない店も多い。かつて雑貨屋の酒棚には、メーコンウイスキーの壜がほかの酒を押しのけるように並んでいたものだが、いまは店の人に探してもらうほどだ。

昨今のタイ人はもっぱらビールである。ウイスキーは、シーバスやジョニ黒が人気だ。一応、輸入されたウイスキーということになっている。もっとも、タイのことだから、甕の底に穴を開けて、中身をそっくり入れ替えたジョニ黒が噂になったが、いつのまにか、紛《まが》いものの話も聞かなくなった。

しかし韓国はその流れの外にいる。ソジュなのだ。頑固なほどに人々は希釈式のソジュを呷《あお》り、つらい二日酔いに耐えている。一九九二年には、穀物から酒をつくってはいけない、という法律もなくなった。伝統的な米からつくる焼酎が解禁になったのだが、相変わらず、テーブルの上にはソジュの空き甕を並べている。僕が知るかぎりでは、米を原料にしていると謳っているのは、安東《アンドン》でつくられている安東焼酎だけである。

韓国には地方ごとにさまざまなソジュがつくられている。韓国通は、全羅北道《チョルラプット》のハイトゥが好きだとか、忠清北道《チュンチョンプット》のチャムが気に入っている……などというが、どれも希釈式のソジュである。原料の中心はエチルアルコールなのだ。これを地酒のようにいわれると、どう反応していいのかわからなくなる。

韓国はタイに比べれば、その経済力では先を走っている。豊かさからいえば、米からつくった焼酎や本物のウイスキーに手をのばすこともできる。しかし、いまだに、希釈式焼酎をひたすら飲み続けている。

ソジュはひと口飲んでみればわかることだが、人工的な甘みが口のなかに残る。昔はサッカリンを入れていたこともあるようだが。いまはアステルパームという人工香味料を加えているものが多いようだ。それ以外にも添加物を加えているのだろう。原料は風味も味もない単なるアルコールなのだ。添加物を加えることで韓国人好みの味に仕あがっていく。その味を、彼らはこよなく愛しているのだろうか。

二年ほど前に、ラオスのルアンパバーンで韓国人を目にした。世界遺産に認定されている旧市街の路地裏に、一ドルビュッフェがあった。客は料金を払うと、中サイズの皿を一枚受けとる。そこにいくら盛ってもよかったが、お代わりは不可というルールだった。トレーには、スパゲティや肉野菜炒め、焼き飯など、ラオス料理のかけらもない安い料理が並んでいた。ルアンパバーンは、欧米人の若いバックパッカーに人気の街である。味より量という彼らの食欲を満たす店だった。

店は混みあっていた。そのなかに六人の韓国人のシニア組がいた。どうしてわかったかといえば、テーブルの上に空になったソジュが並んでいたからだ。眞露のチャミスルだった。ざっと数えると、七、八本が空になっていた。彼らはルアンパバーンに来たからといって、グラスを重ねるペースは変えられないようで、ぐいぐいと飲んでいる。ルアンパバーンにソジュは売っていないから、韓国からもってきたのだろう。いったい彼らは、何本のソジュを鞄のなかに入れてきたのだろうか。彼らはソジュを酌み交わす食事の時間を、こよなく愛しているようでもあった。

韓国人に会うと、しばしばキムチへのこだわりを口にする。いまの韓国では、かなりの量の中国産キムチが出まわっている。中国東北地方に暮らしている朝鮮族の人たちがつくっているものが多い。味は変わらないという。しかし値段は、〝中国〟がどれだけかかわるかで変わってくる。中国産の白菜や大根などの野菜を使い、中国で漬けられたキムチがいちばん安い。中国産の野菜を使い、韓国で漬けられたものは高くなる。韓国産の野菜を、韓国で漬けたものが最も高い。人件費の問題もあるだろうが、韓国人はこういう。

「中国のものは、なにが入っているか、不安じゃないですか」

日本人と同じ発想である。ところがソジュとなると、ころっと態度を変え、空になった壜をテーブルに並べるのだ。韓国だから、ソジュに加えられている添加物は安全なのだろうが、そういう問題ではないと思う。キムチの安全性へのこだわりを耳にしたあとだったりすると、どうしても折り合いがつかないのだ。

これは韓国をめぐる謎でもあるのだが、僕が入るような店には、ビールとソジュしか置かれていない。マッコリまである店は半分ぐらいだろうか。この三種が圧倒的なのである。ワインを飲んでいる人も見かけないし、ウイスキーの壜の姿もない。ソウルにはおしゃれな店も多いから、そこにはウイスキーが並んでいることも知っている。日本料理店の入口には、日本酒の壜も見える。あれは単なるインテリアというわけではないだろう。しかし韓国の大衆店は、ことごとくビールとソジュ、そしてマッコリなのだ。

少し気になって、輸入される酒に韓国がかける関税を見てみた。かかる税金は、輸入関税、酒税、教育税、付加価値税があった。それぞれを加算すると次のようになった。仮に日本から韓国に届く値段が一本千円とする。そこに加算される税金はこんな具合だった。

日本酒　約六百八十三円
ワイン　約六百八十三円
焼酎　約千七百六十九円
ビール　約千七百六十九円

実際はここに輸送費も加わる。千円の焼酎は、三千円近い値段になってしまうのだ。テーブルの上に並ぶソジュの空き壜の意味がなんとなくわかってくるような気

やかんでマッコリが出たら中級店。高級店は陶器の器。ペットボトルは大衆店

にもなる。焼酎とビールは、酒税がとくに高く、七二パーセントにもなる。ほかの国の税率も見てみる。それぞれ税金のかけ方が違うので、単純に比べることはできないが、タイの焼酎への酒税は五〇パーセント。日本は酒の種類や度数に対して税額が決められていて、ウイスキー一本で五百円程度だ。

自国の産業を守ることは、関税の大きな目的だが、どことなく、「ソジュを守りすぎじゃない？」と思えてきてしまう。いくら米からつくった日本の焼酎やウイスキーを飲もうと思っても、韓国では高すぎるのである。ソジュを飲むしかないのだ。

韓国人にも不満はあるだろうが、自国の企業を守るという政策の前で、挙げた拳の落としどころがみつからないのだろうか。いや、そんなことはおかまいなしに、酔えればいいじゃない……とばかりに、グラスを呷っているのだろうか。

何年か前、ひとりの韓国人が、ソジュのいろいろな飲み方を披露してくれたことがあった。

「まず、ソジュは飲む前によく振らないといけません。おいしい部分が底のほうに溜まっていることがあるからです。小さいソジュグラスに注いで、一気に飲むのが一般的ですが、こうして大きめのグラスに注いで……」

爆弾酒だった。ソジュをビールで割るわけだ。僕は戦後、闇市にあったというバクダンを想像してしまった。

「人によっては、ビールのジョッキのなかに、ソジュの入ったグラスを沈める人もいます。でも、逆もあるんです。ジョッキのなかにソジュをどぼどぼと注いで、グラスに入ったビールを沈めるんです」

「……」

「これをなんていうか知ってますか」

「……?」

「水素爆弾酒っていいます」

どうしてそこまでして飲まなくてはいけないのだろうか。

彼は次々にソジュの飲み方を教えてくれた。トウガラシを手で折って小さくし、それをソジュに沈めて飲むのは、彼のオリジナルだという。ついでに、マッコリをビールで割る飲み方も教えてくれた。

すすめられるままに、なんだかわからない酒を飲みながら、気が遠くなっていくような感覚にとらわれてしまった。悪いと思ったが、つい、口をついて言葉が出てしまった。

「どうして、そこまでして飲まなきゃいけないの?」

彼は虚を衝《つ》かれたような面もちだった。

「だって、酔いたいじゃないですか」

やはり酒飲みということだろうか。

そう思いながら、今晩もソジュである。翌日がつらいとわかっていても、韓国人の知人とテーブルを囲むと、ソジュ以外の選択肢がなくなってきてしまうのだ。

「下川さん、このチャミスルの壜の裏を見てください。赤い印があるでしょ。これじゃないといけないんです。あまりにソジュを飲みすぎるからって、眞露はチャミスルの度数を下げたんです。一八度か一九度にしたって聞きました。しかしおいしくない。そこで二五度のチャミスルもつくるようになったんです。その印がこの赤だっていわれます。おばさんに頼んで、赤い印のあるチャミスルにしてもらいました。ね、おいしいでしょ」

やはり彼らは酒飲みだと思う。

ソジュの壜には、キャンペーンガールが印刷されたラベルが貼られていることが多い。とくにソジュの最大メーカーである眞露のキャンペーンガールに誰が選ばれるかは、国をあげた話題になる。イ・ヨンエ、キム・テヒ、イ・ミンジョン……。誰が見ても美人……と認める女優や女性タレントが歴代のキャンペーンガールを務

マッコリをビールで割る人もいる。そのときのマッコリは安いペットボトル入り。高級マッコリはけっして割らない。現金な韓国人たちだ

ソジュにトウガラシを入れるとこうなる。昔はキュウリだったが

大衆店の壁はソジュやビールのポスターで埋まる。営業マンが貼っていく？

日本の女性タレントよりIUを眺める回数のほうが多い気がする。僕だけですが

めてきた。彼女らの笑顔を眺めながら、何回、翌朝のつらさを考えていただろうか。

いまはＩＵという女性歌手である、〝国民の妹〟とまでいわれる可愛い顔だちだ。大衆店のテーブルには、いまも彼女の笑顔がずらりと並んでいる。

注がれるままに飲んでいるから、もう、一本以上飲んでいるかもしれない。急に酔いがまわってきた。店内の眺めが潤《うる》んできてしまった。ＩＵの笑顔をじっとみつめる。

彼女の歌っている姿を一回も見たことがない。テレビにはよく出演しているというのだが、僕が目にするのは、食堂の入口に貼ってある等身大のポスターか、チャミスルの壜だけである。毎晩のように、彼女の顔を見ている。明日の朝は、またつらいんだろうなぁ。

韓国の若者は、今晩も「がんばれ父ちゃん」

ソウルには、かなりの数の日本風居酒屋がある。なかには日本人ご用達といった店もあるのだろうが、入ったことがない。僕がたまに行くのは、韓国人向けの日本風居酒屋である。チェーン店を展開しているところもある。

その日入ったのは、地下鉄の合井《ハプチョン》駅に近い『京都』という店だった。人気の店で、入口に入店待ちの列ができることもあるという。

その日、僕は阿部稔哉カメラマンとふたりで店に入った。日本風居酒屋だが、日本語のメニューはなかった。英語のメニューを出してくれた。僕らはビールに焼き鳥、揚げ豆腐などを頼んだ。

左側にはひと組のカップルがいた。五合壜に入った日本酒を飲んでいた。清楚な感じの女性だったが、日本人の男性のように猪口《ちょこ》に注がれた酒をくいくい飲んでいた。メニューを見ると、その日本酒は六万ウォンもした。一本約六千円である。僕らが頼んだのは、一本三千五百ウォン、約三百五十円の韓国ビールだった。

若者が集まる居酒屋の「がんばれ父ちゃん」。不思議なソウル

右隣の席に、新しいカップルが入ってきた。ふたりは何回もこの店に来ている様子で、メニューも見ずに注文をした。出てきたのは、「がんばれ父ちゃん」の五合入りの紙パックだった。なぜなのかは知らないが、韓国人は、この「がんばれ父ちゃん」という日本酒が好きなのだ。パックに入っているのは単純に安いからだろう。それでも四万ウォン、四千円近くした。

テーブルには、氷の入ったアイスペールと銚子《ちょうし》、猪口が出てきた。女性は慣れた手つきで、「がんばれ父ちゃん」の封を切ると、酒を銚子に入れて、氷のなかに差し入れた。こうして日本酒を冷やすらしい。

「ほーッ」

僕と阿部カメラマンは、その動作に見入ってしまった。

そしてふたりは、それぞれの猪口に注いで乾杯をし、ひと口で空にした。

まるでおじさんだった。女性はぽっちゃりとした顔立ちだった。まだ若い。二十歳そこそこといった感じだ。男性も学生風である。しかしこのふたりが、場末の飲み屋で日本酒を呷《あお》る日本のおじさんのように、猪口を口に運び、ぐいッと飲み干すのだ。日本の女性も日本酒を飲むが、そこには女性らしさというものがある。一気に飲み干したりはしない。しかし、隣にいる若い韓国人女性は、ぐいッなのである。

だいたい、「がんばれ父ちゃん」というネーミングにしても、おじさんの酒である。新潟にある酒造メーカーがつくっているようだが、仕事から帰った父親の晩酌をコンセプトにしているはずだ。本当は純米吟醸あたりに手を伸ばしたいのだが、かさむ子供たちの学費や、キャベツが三十円も高くなった……などという愚痴の前では、高級日本酒を飲むわけにもいかない。まあ、パック酒で我慢するか。そんな酒である。

韓国の人は、そんな日本の酒飲み事情は気にしないかもしれないが、隣にいる日本人のおじさんは気になってしかたがないのだ。

おそらくこれもソジュの影響だった。ソジュも同じようにして、小さなグラスに注いで飲む。度数が二〇度近くある焼酎である。さすがにひと口で空にする人は少ないが、飲み方は、ぐいッである。ソジュに比べれば、日本酒の度数は低い。くいッとひと口でいけてしまうのである。

韓国人は、酒の度数への認識が日本人とは違う気がする。普通の基準がソジュのように思う。その感覚からすると、日本酒は優しい酒に映るのだろう。

左側に座っていたカップルは、壜入りの日本酒を飲み干し、ビールに移っていた。韓国人は、一次会でソジュを飲み、二次会でビールという流れが多いから、まあ、順当なのだろう。ところがまだ飲み足りなかったのか、こともあろうに、「がんばれ父ちゃん」を注文したのである。

左右のテーブルを「がんばれ父ちゃん」で固められ、日本のおじさんふたりは、安い韓国のビールを飲んでいる。

「やっぱ、飲むってもんでしょうね」

僕らも、「がんばれ父ちゃん」を頼んでみた。しかしその店の、「がんばれ父ちゃん」はすでに品切れで、千ウォンほど高い別のパック入り日本酒しかなかった。白雪の純米酒の五合パックだった。

「日本酒って、やっぱり翌朝に残るんですよね」

「いい日本酒を飲むと、だいぶ違うけど。この白雪はどうなんでしょう」

日本のおじさんのひ弱な会話を尻目に、両隣のカップルは、淡々と猪口を口に運んでいる。

先に席を立ったのは左側のカップルだった。

「がんばれ父ちゃん」もきれいに飲み干していた。ふたりで一升の日本酒と、ビールをジョッキで一、二杯……。顔色ひとつ変えず、たしかな足どりで店を出ていくカップルの後ろ姿を、呆然と見つめるしかなかった。

第三章

Kポップ

韓流ブームが流れついた地雷を踏んだ女性たち

ソウル駅周辺の温泉マーク宿に泊まることが多い。温泉マーク宿については第七章で触れることになるが、この種の宿はネットの環境がよくない。メールのチェックをするために、駅に近いカフェに入ることがときどきある。昔からそうだったのかと思うのだが、駅周辺のカフェでは頻繁に日本人を見かける。それも圧倒的に女性たちだ。彼女たちの会話が耳に入ってきてしまう。

ふたりは三十代の半ばといった年齢だった。ひとりは奥さん風で、ソウルに暮らしているようだった。もうひとりは日本からやってきた友だちらしい。脇に小さなキャスター付きのバッグを置いていた。

「地雷、踏んじゃったんだ」

奥さん風の女性が声をかけた。日本からやってきた女性は黙って頷《うなず》いた。

「で、いくらだったの？　チケットは」

「三十万ウォン」

「三万円か……。円安がこたえるね。アリーナ席？」

「一応」

「立ちっぱなしじゃないの。つらくない？」

Kポップだった。

地雷――。Kポップの世界ではそういうらしい。あとで知人から、「沼にはまる」という表現もあるのだと聞いた。Kポップの世界は、地雷原や底なし沼が待ち構える戦場のようなものらしい。コンサートに出かけ、そのステージに立つ韓国の男の子を目にしたとたん、体に電流が走る。とにかくうまい。周囲を包む叫声のなか、視線は忙しく、ひとりの男の子の動きを追いはじめている。これが地雷を踏んだ瞬間らしい。その感覚は人によってさまざまだろう。鳥肌がたった、という人もいれば、体が熱っぽくなってきたと感じる人もいる。とにかく、その瞬間から、心は追っかけ少女に傾いていってしまうのだ。そう、地雷を踏んでしまったのだ。

僕らの世代は、地雷という言葉から、カンボジアで死亡した戦場カメラマンの一ノ瀬泰造を思いだしてしまう。彼が友人宛ての手紙に書き残した言葉が「もし、うまく地雷を踏んだら〝サヨウナラ〟！」だった。Kポップという地雷を踏んでも死ぬわけではないが、三万円のコンサートチケットを買い、飛行機に乗ってソウルまで来てしまうのだから、かなりの衝撃があったに違いなかった。

日本からKポップのコンサートにやってきた女性の表情に輝きがないことが気になった。Kポップの人気グループのコンサートチケットは、あっという間に完売してしまう。ファンクラブに入会し、ネット情報に目を光らせていなければ手に入らないという。ソウルで開かれるコンサートのチケットの定価は日本円で一万円前後だという。日本からやってきた女性は三万円ほどで買ったといっていたから、なんらかのルートでやっと手に入れたのだろう。二十代の若い女性だったら、興奮状態でソウルまでやってくるような気がしないでもない。

しかし三十代半ばといった年齢で、若いKポップアイドルという地雷を踏んでしまった。多少の後ろめたさもあるのだろうか。こんな女性たちは地雷系女子とも呼ばれるという。二十代なら一気に突き進むことができても、三十代になると、そんな自分を客観視する人生経験もあるのかもしれない。しかしどうすることもできない。その葛藤が少し晴れない表情を生んでいる気もした。

十代の頃からジャニーズ系のグループのコンサートは欠かさないという女性に会ったことがある。彼女はすでに三十代の後半に差しかかっていた。

「二十代との違い？　コンサートの最中、泣かなくなったことかな。ちょっと寂しい思いはあるけど」

そんな話を聞くと、やはり同じようにコンサートの会場に入っても、湧きあがる興奮のエネルギー総量のようなものが落ちているのかもしれないと思う。それでもチケットを買いに走ってしまうのだ。

日本からやってきた女性は、これからホテルに荷物を置き、鞄のなかに入っているペンライトや、Kポップのグループごとに違うグッズを手にひとり、コンサート会場に向かうのだろう。そして翌日の飛行機で日本に帰る。コンサートが終わるのは九時ぐらいだろうが、その出口は混みあい、ホテルに戻るのは深夜になってしまうはずだ。夕食はコンビニで買うパンやおにぎりだろうか。興奮して空腹も感じないのかもしれない。

Kポップという世界に、とんでもないエネルギーが渦巻いているようだった。僕にはうかがい知れない空間にも映った。これも韓流の勢いなのかとも思ったが、サッカーのワールドカップ以降にはじまった韓流とは、なにか異質なにおいすらした。韓流のなかから、韓国というものが抜け落ちていくようにも思えるのだった。

「BIGBANG（ビッグバン）っていうバンドのすごいファンがいるんだよ、友だちに。追っかけをやってるから」

そんな話をしてくれたのは、僕の娘だった。僕には二十代半ばのふたりの娘がいる。長女の友だちの話だった。

「ＢＩＧＢＡＮＧ？」

聞いたこともないグループだった。韓国のユニットだ。二〇〇六年にデビューしていた。

二〇〇六年──。『冬のソナタ』のペ・ヨンジュンが、日本で大ブレイクしていた年である。その年に誕生したＫポップのグループだったのだ。こんな資料も目にした。ＢＩＧＢＡＮＧが、二〇一三年に日本で開いたコンサートだった。東京、西武、福岡、大阪、名古屋、札幌の六ドームで、計十六回の公演が行われ、集まった観客は七十七万人に達していた。その年、日本と韓国の間の政治的な軋轢《あつれき》が表面化していた。そんな重い空気をものともせず、七十七万人ものファンがドームに詰めかけていた。二〇一五年、ソウルでＢＩＧＢＡＮＧのファンに会ったが、彼女も札幌のコンサートに行っていた。

「ソウルのコンサートはなかなかチケットがとれないから。日本のほうがとりやすいんです」

七十七万人のなかには、韓国人も含まれていたのかもしれないが、とにかく大変な動員数だった。僕のＫポップへの関心は、東方神起や少女時代、ＫＡＲＡで止まっていた。若い世代の間では、大変なことが起きていたのだ。

日本人の間で韓流がブームになったきっかけは、サッカーのワールドカップだったといわれている。二〇〇二年のことだ。日本と韓国で共同開催された。それまで韓国を訪ねる日本人は、年間、二百四十万人ほどだったが、ワールドカップを境に一気に増えた。二〇一二年には三百五十万人を超えてしまった。

もっとも、海外によく出かける人の間では、韓国ブームはその前からはじまっていた。ウォン安がひとつの要因だった。プルコギやサムゲタンに代表される韓国料理、エステや垢すりマッサージ、そして免税品……。短い日数の旅でも、充実したメニューをつくることができた。それらがまた安かった。当時、僕は、格安航空券を紹介する雑誌の編集にかかわっていた。編集部では、取材を兼ねた社員旅行に出かけた記憶もある。その感覚が、ワールドカップをきっかけに、一気に広まったのかもしれない。

韓国への旅行ブームを決定づけたのは、『冬のソナタ』だった。二〇〇二年、韓国で放映された。このドラマは、ユン・ソクホ監督の四季シリーズのひとつで、『秋の童話』に続く作品だった。二〇〇〇年に放映された『秋の童話』は、韓国では視聴率が四二パーセントというヒットになり、それを受けた作品だったのだ。韓国では、『秋の童話』ほどのヒットにはならなかったが、日本でブレイクする。二〇〇三年にNHKの衛星放送で放映され、翌年には、地上波の総合テレビでも流れ、ブームは決定的になった。土曜日の夜の十一時にはじまる放送枠だった。最終回の視聴率は、関東で二〇・六パーセント、関西で二三・八パーセントにもなった。この時間帯としては、とんでもないヒットだったのだ。『冬のソナタ』を略した『冬ソナ』は流行語にもなった。主役のペ・ヨンジュンは、日本の中年女性から熱い視線を向けられるようになっていく。彼は「ヨン様」とか「微笑みの貴公子」とも呼ばれた。

なぜ唐突に、『冬のソナタ』はヒットしていったのか。さまざまな意見が日本では飛び交っていた。僕も何回かは観た。ストーリーはベタで、テレビ評論家がいうように、『君の名は』や山口百恵の『赤いシリーズ』に似ていた。しかし一、二回、続けて観ると、次が気になるというドラマのツボがあった。なにやかやといいながら、やはりチャンネルを合わせてしまうのである。

ドラマづくりの王道というものは、えてしてリアリティとぶつかっていくものだ。日本のドラマをつくる人々は、その狭間で悩み、切磋琢磨を繰り返していた。その

『冬のソナタ』のロケ地になった中央高等学校。ヨン様ファンの聖地のひとつ

高校の入口にあるポスター店。以前は日本の中年女性がここにたむろしていた

結果、日本のドラマはディテールにこだわり、小さな悲しみや笑いをとることはうまくなった。人々の暮らしは、小さな日常が積み重なっているからだ。しかしそんなドラマは、小難しかったのだろうか。隘路《あいろ》に踏み込みはじめていた日本のドラマの虚を衝《つ》くように『冬のソナタ』は放映され、一気に視聴率をあげていった。細部には粗っぽさがあっても、ドラマのツボを押さえた展開がブームになっていくのだ。

主演のペ・ヨンジュン人気は熱を帯びていく。支えていたのは、日本の中年女性たちだった。Kポップのいい方を借りれば、日本の中年女性たちが地雷を踏んでしまったのだ。強引さのなかに秘めた優しさ……。自分の夫とはまったく違うタイプということだったのだろうか。

当時、ペ・ヨンジュンのファンだという女性と仕事をしたことがあった。出版社の編集者だった。なにかのきっかけで、ペ・ヨンジュンの話になった。

「とにかくいいのよ。いいのよね……」

心なしか目が潤《うる》んでいるようにも見えた。

ソウルにいたカメラマンはこんなふうに当時を振り返る。

「ピークは二〇〇六年でしたね。日本の女性週刊誌から、次々に連絡が入るんです。

もう、ペ・ヨンジュンにちょっとでも関係があれば、なんでもいいから撮ってくれっていう感じですよ。泊まった宿の朝食とか、腰をおろした座布団、使ったスプーン……。とにかくそれで週刊誌は売れたそうです」

その後、ペ・ヨンジュンは、次の映画の撮影に入っていった。そのロケ地には、いつも日本の週刊誌の記者がいたという。

書かれる記事は美談で染まっていた。ペ・ヨンジュンがサインをもらうファンに傘をさしてくれた……といった話が、感動のストーリーになった。彼が来日するときの空港は大変な騒ぎだった。

ソウルの街にも、そんな日本人の中年女性向けのグッズが並んでいた。東大門《トンデムン》の衣料問屋には、首を傾げてしまうほど似ていないペ・ヨンジュンの顔を縫い込んだ靴下がずらりと並んでいた。ファンは、そんなものにまで手を伸ばすようだった。

「なにかペ・ヨンジュンは、ヨン様教の教祖っていう雰囲気すらありましたね」

ソウル住在の知人は、次々にやってくる日本人が、どこか異星人のようにも映ったという。日本にとっての韓流は全盛期を迎えていくのだ。

韓流とは少し構造が違うが、韓国のファッションとコスメもブレイクしていく。明洞《ミョンドン》に次々にコスメショップができていくのもこの時期だった。あれは地下鉄の乙支路入口《ウルチロイック》駅だっただろうか。改札を出ると、チェ・ジウのポスターが並んでいた。彼女は、『冬のソナタ』でヒロインを演じた女優だ。ポスターには、彼女が使っているという化粧品が躍っていた。『冬のソナタ』ブームに便乗した戦略かとも思ったものだった。地上に出、そこから地下鉄の明洞駅に向かう通りの両側には、『ザ・フェイスショップ』をはじめとするコスメショップが並び、その前には、小さなかごを手にした女性店員が声を嗄《か》らしていた。日本語だった。

ソウルからの飛行機が成田空港に着き、荷物がターンテーブルの上をまわる。大量の衣類が入った布製のケースをいくつも目にしたのもこの時期だった。東大門の市場などで仕入れた衣料品だった。ウォン安と韓国の安い衣料品に目をつけ、大量に買い、日本で販売していく女性たちだった。

『冬のソナタ』が口火を切った韓流は、こんな経済効果を生んでいた。

『冬ソナ』がブレイクしている二〇〇五年、テレビでは、『宮廷女官 チャングムの誓い』、通称『チャングム』がはじまる。朝鮮王朝を舞台にした時代劇だった。

『冬のソナタ』は、日本人の頭のなかに、韓国ドラマ枠をつくってしまった気がする。時間帯は日曜日の夜十一時に変わったが、週末の夜はＮＨＫの地上波にチャンネルを合わせることが習慣になってしまった日本人も多かった。僕もそうだった。

コスメショップの入口を見れば、Kポップアイドルの人気度がわかる？

長く続いたドラマだったが、おそらく僕はその九割近くを観ている気がする。アジアを中心に海外に出向くことが多いが、その日程が日曜日と重なったときは、妻が録画しておいてくれた。『冬のソナタ』同様、次回を観たくなってしまう誘導は、日本のドラマを凌いでいた。よくよく考えると、整合しないところがいくつもあるのだが、それを気にさせず、強引にストーリーを展開していく手法に、気がつくとはまってしまっていた。

　このドラマは、新しい韓流を掘り起こしたといわれている。歴史好きの男性や料理に興味をもつ人たちが韓国に足を向けはじめたのだ。『冬ソナ』ブームのとき、ひとりの韓国通の女性からこういわれたことがあった。

「下川さんって、よく韓国に行くけど、なにか楽しいことってあるんですか？　韓国って女性向きの国だと思うんですけど」

たしかに女性にうける要素が多かった。『冬ソナ』ブームにしても、中核は中年女性たちである。コスメやファッション、ブランド品……男たちが興味を抱くものといったら、食べ物か酒ぐらいだった。以前は妓生《キーセン》観光という言葉があった。しかしそのお株はすっかり東南アジアにとられた感があった。

僕にしたら、韓国の旅を続けていたわけで、その日々のなかには、いつも発見があった。しかし韓流というフィルターを通すと、旅する韓国は抜け落ちてしまうようだった。

韓流の熱のなかで週末に訪ねるソウル。それも旅といえば旅だが、どこかその目的を強いているようでもあった。

日本人には意外なほど知られていない韓国の王朝物語は、男たちの居場所をつくっていった。ソウル市内にあるかつての王宮、昌慶宮《チャンギョングン》を訪ねる。そのなかにある通《トン》明殿《ミョンジョン》の前に立ち、

「ここで張禧嬪《チャンヒビン》が暮らしていたのか……」

Kポップは宿の名前にもなってしまった。日本からやってくるファン狙い？

と歴史物語に浸るわけだ。その間、奥さんはヨン様グッズに手を伸ばし、コスメショップで持ちきれないほどの化粧品を買っているのかもしれないが、結婚して二十年もたった夫婦にとって、互いに居場所があることは、旅をスムーズに進める重要な要素だったのだ。

韓国時代劇ブームには、『冬ソナ』の病のような熱はなかった。柱にいくつものひびが入った古びた建物の前でただ立っているだけなのだから、傍《はた》から見ればありふれた観光客。明洞をコスメが入った袋を提げて潤歩する日本人の中年女性たちとは違った。呼び込みの男の子がイケメンだといって盛りあがる女性たちに比べれば影が薄い存在だった。

この頃も僕はしばしばソウルを歩いていたが、日本人男性の間に、歴史探訪という韓流があることすら気づかなかった。

日本人の中年男女が、ヨン様や『チャングム』に浮かれている間、Kポップは日本の若者の間に浸透していった。韓国になびく中年パワーに対抗したというわけでもなかった。Kポップはもともと、韓国の若者に向けて発信されたものだった。そこには、韓国の三十倍ともいわれる日本の音楽市場に進出したいという、韓国の音楽産業の狙いもあったのだろうが、Kポップのアイドルへの追っかけを浮きあがらせたのは、日本と韓国の間の政治事情だった気がしないでもない。

日韓の間には、慰安婦に代表される戦争や植民地に絡んだ問題や竹島という領土問題が横たわっている。李明博《イミョンバク》から朴槿恵《パククネ》へと大統領が代わる韓国政権のなかで、いくつかの火種が勢いを増してくるのだ。そこには中国やアメリカなどが絡んだパワーバランスも影を落としているのだが、韓流もその影響を受けていく。

ヨン様に目をうるうるさせ、王宮を訪ねる日本人は中年だから新聞を読む。テレビのニュースにもチャンネルを合わせる。そのなかでしばしば登場する日韓問題は、彼らの足を引っぱりはじめていく。ソウルの街で、焼肉を銀色の箸でつまんでいたときはなにも伝わってこなかったものが、日本に帰ると重くのしかかってくるのだ。ヘイトスピーチの問題も拍車をかけるようになっていく。

国と国との間には、深刻さのレベルはあるにせよ、常にこの種の問題が横たわっているものだ。陸の国境のある国々の人は、それなりの自己防衛のロジックをもっている。しかし日本人は島国に育ったためなのか、こういったプレッシャーに弱い気がする。小規模な騒乱でも報道されると過剰に反応し「あの国は治安が悪いから訪ねるのをやめよう」と考えてしまう。日本人観光客が多い国は、この種のナーバスさに、しばしば戸惑うことになる。

韓流の熱気はそのなかで、少しずつ削がれていった気がする。

しかしKポップファンは違った。無知というのではなく、無関心といったほうがいいのかもしれない。Kポップのアイドルが、この種の問題にどれだけ関心をもっているのかはわからないが、少なくとも、地雷を踏んでしまった日本人女性のなかでは、竹島も慰安婦もまったく別の引き出しに入っているように思えるのだ。Kポップファンの心の大半を占めているのは、アイドルへの思いだけで、韓国という国や、国というものへの意識が薄い。

韓国への日本人ツアーにかかわっている男性がこんなことをいった。

「Kポップのコンサートに大挙して日本人が向かうことは助かるんですが、韓国側から、彼女らは金を落とさないっていうことをよく聞かされるんです。観光地を訪ねることもしないし、韓国料理を食べようともしない。ぜんぜん関心がないんです。口にするのはファストフードのハンバーガーやコンビニで買うことができるパンやインスタントラーメン。ホテルも一泊だけ。コンサートが終わるとさっと帰ってしまう。ソウルに滞在する時間は二十時間もないんじゃないかって。韓国にまったく関心がないっていうんです。いまのソウルの観光業界を支えているのは中国人だってね……。そういわれても、どうすることもできないんですけど。実際、彼女たちは二泊のツアーにはほとんど申し込みません。一泊のとんぼ返りなんです」

ヨン様、『チャングム』、そしてKポップ。それは韓流と大きく括《くく》ることもできるが、その内実は、Kポップ以降、ずいぶん変わってきてしまったらしい。

日本の旅行業界や出版界には「韓国バブル」という言葉がある。『冬のソナタ』からはじまった韓流のなかで約十年、パッケージツアーは売れ、ムックや書籍が次々に出版された時期のことだ。

しかし韓国への渡航者は、二〇一二年をピークに減少しはじめる。これは韓国だけのことではなかった。二〇一二年末に第二次安倍政権が発足し、アベノミクスへ

の期待から為替相場は円安に転じていく。海外への渡航者が減りはじめるのだ。韓国にかかわってきた人たちからも、

「バブルが終わった」

という声が聞こえてくる。その数は減ったとはいえ、二〇一四年の韓国への渡航者数は二〇〇七、二〇〇八年と大差はない約二百二十八万人である。しかし関係者たちは、バブルの終焉を感じとっていた。

おそらく、渡航者の数ではなく、その質が変わったということなのだ。それはヨン様ファンや歴史好きの中年日本人から、Ｋポップを追いかける二十代、三十代の女性への変化ということのような気がした。金を使わない日本人が増えてきているように映るのだ。

金を使わない――。それは僕のように、安宿を探し歩く旅行者とも事情が違っていた。Ｋポップファンは、一万円以上もするコンサートチケットを平気で買う。飛行機に乗ってソウルまでやってくる。しかしそれ以外に金を使わないのだ。節約ということでもない。Ｋポップ以外に金を使うことへの関心が極端に低い気がするのだ。

その現場ということになるのだろうか。

二〇一五年四月二十五日の夕方、僕はオリンピックパークにいた。その日、ここにあるドーム型会場で、ＢＩＧＢＡＮＧのコンサートが開かれることになっていた。

正面には、

〈BIGBANG 2015 WORLD TOUR [MADE] IN SEOUL WITH NAVER〉

と書かれた横断幕と五人のメンバーの立ち姿が印刷された幕が吊り下げられていた。

コンサートがあることを知ったのは前日だった。行ってみたかった。しかしチケットを手に入れることは至難の業だとも聞いていた。コンサートを教えてくれた知人に訊いてみた。

「チケットは即、完売っていいますからね。残る手段は当日券かダフ屋か。チケット代は十万ウォン、一万円ほどなんですが、当日券は三分で売り切れるっていいます。ダフ屋は高いしね」

コンサートを観ることは難しそうだった。しかしその熱気を肌で感じてみたかった。会場に集まるファンを見てみようと思った。

入場ゲートの前にいた。目の前にはアルファベットが書かれたプラカードが立てられ、その後ろに、そう、オリンピックの開会式のように観客が並んでいた。その数は、ざっと数えて三、四千人。この会場は二万人を収容できるという。

僕の背後にはコンビニがあった。入口に列ができるほど混みあっていた。脇には大型の給湯器があった。コンビニでカップ麺を買い、湯を入れて、その場で立ったまま食べている女性たちが何人かいた。コンサートがはじまるのは七時頃のようだった。終わるのは九時ぐらいだろうか。二万人の客が地下鉄駅に集まるわけだから、電車に乗るまで一時間はかかるかもしれない。夕食はカップ麺ということのようだった。

立ちながらカップ麺を啜《すす》る女性たちのなかに、見覚えのある顔があった。ふたり連れの日本人だった。

オリンピックパークに着いたのは、開演の三時間ほど前だった。会場とは広い道を挟んだ反対側にあるカフェで休むことにした。店内はコンサートにやってきた女性客でいっぱいだった。テラス席でコーヒーを飲んでいると、その前に長い列ができていった。ざっと二、三百人が並んだ。先頭付近にはテーブルが出され、若いふたりの女性とひとりの男性が座っていた。並んだ女性たちは、そこで料金を払い、封筒を受けとっている。皆、その封筒をすぐに開け、なかに入っているチケットを確認していた。BIGBANGのコンサートチケットだった。

「ダフ屋？」

それにしては堂々としている。ダフ屋は地下鉄の出口でも見ていた。くたびれた雰囲気のおじさんが、歩道を歩く客にチケットを見せながら、こそっと話しかける。どの国でも、ダフ屋の売り方は似てくるものらしい。

しかし目の前の列に、その空気はなかった。

「いくら払ってる？」

同行している阿部カメラマンに訊いてみた。望遠レンズでのぞいてもらった。

「二十……一万ウォンですね」

「二万一千円。定価の約二倍ってことか。ダフ屋にしたら良心的じゃない。それにこれほど目立つ列をつくるっていうのも」

「聞こえます？　交わされてるのは日本語ですよ。先頭の人は自分の名前を告げて、テーブルに座っている女性が名簿から名前を確認してる……」

「じゃあ、この列は全員が日本人？」

「たぶん」

訊くと皆、日本でネットを通じてチケットを買った人たちだった。支払いと受け

日本からやってきたファンは、カフェの前でチケットを受けとり、ついにんまり

とりは、会場近くのカフェの前と指定されたという。公式な販売ルートではないのだろう。しかし、こうでもしないと、BIGBANGのコンサートチケットはなかなか手に入らないのだという。

そのなかにふたりの女性がいた。そろって黄色の花形のペンライトを手にしていた。チケットを受けとったとき、顔をくしゃくしゃにして喜んでいた。年齢は二十代の後半といったところだろうか。

そのふたりが、コンビニの前でカップ麺を啜っている。

「たぶん今日、日本からやってきたんでしょうね。それで明日の朝、飛行機

BIGBANGのファンは皆、このペンライト。純正と紛いものがあるらしい

で帰っていく。でも考えてみれば、九州に暮らしている人が、東京で開かれるコンサートに行くこととたいして違わないのかもしれない。飛行機に乗る時間……九州だったらたいした差はないものな」

「LCCを使えば、料金も変わらないだろうし」

「それで食べるのは、コンビニのカップ麺。たぶん彼女たち、きちんとした韓国料理は食べずに帰ると思うな。なにか、そういうことにまったく関心がない雰囲気だもの。料理名すら知らないかもしれない」

「BIGBANGを間近に見ることができれば、それだけで満足」

「そんな感じですよ」

ふたりが立ったままカップ麺を啜る姿が、昔、取材に同行してくれたカメラマンと重なってしまった。彼は完全な鉄道マニアだった。俗に鉄っちゃんと呼ばれる人だ。

ある鉄道雑誌の取材だった。あれは青森県の津軽海峡線の駅だった気がする。ちょうど昼どきだった。僕は駅前の食堂に誘った。港に近い駅だった。地元の魚料理があるかもしれなかった。しかしそのカメラマンは首を横に振った。

「大丈夫ですよ。駅前のコンビニで、カップ麺かパンを買いますから。この路線は、ときどき貨物列車が通るんです。もしそのチャンスがあったら撮りたいんで」

そういわれると、ひとりで食堂に向かいにくくなる。彼と一緒にコンビニに向かい、僕はサンドイッチ、彼はカップ麺とおにぎりを買った。コンビニで湯を入れると、カメラマンはカップ麺を手にしたまま、改札を通ってホームに入った。そこでおにぎりを急いで食べると立ったままカップ麺を啜っていた。僕はベンチに座ってサンドイッチを頰ばりながら、その姿をぼんやり眺めていた。

その姿に似ていた。そっくりだった。男と女だから、食べ方は違う。しかしどちらも、カップ麺に心が移っていなかった。別にカップ麺を味わうようにおいしそうに食べろ……などといっているのではない。人は麺を啜るとき、視線が器に向かうはずである。しかし、どちらも顔をあげているのだ。カメラマンの関心は貨物列車で、コンサート会場の女性は列の動きだった。関心は別にあるが、胃になにか入れなければ……。顔をあげたまま、手と口だけが動いているのだ。

オタクと追っかけ……。共通した因子をもっているという話を読んだことがある。男はオタクに走り、女は追っかけになる。そしてこの同じタイプの男と女は、心を食事に移さずに食べることができる。もっと強い関心に意識が支配されているのだ。

地雷を踏む、という感覚がわからず、何人かのKポップファンから話を聞いた。

「中学から高校にかけて、芸人の追っかけをやってたんです。Kポップの地雷を踏んじゃった知り合いに訊くと、皆、若い頃、誰かの追っかけをやってたんです。ジャニーズ系が多いかな。Kポップのアイドルと出会って、突然、ファンになるわけじゃない。そういう因子をもった女の子だって気はしますね。日本では、やっぱり東方神起の存在が大きかったと思いますね。彼らが出てきて、Kポップへ目が移るようになった。ユノのファン、多いもの。私？　私はSUPER JUNIOR（スーパージュニア）のキュヒョン。はじめて見たとき、あんな若くて可愛いのに、ダンスにキレはあるし、歌は本当にうまいし……。ガツーンときちゃいました」

延々と続くファンの列。このなかで何人が地雷を踏んでしまったのだろう

ファンが口をそろえるのは、Kポップアイドルの踊りや歌のうまさだった。アイドルたちは十代の前半からKポップの世界に入ってくる。そこから五年、六年と訓練を積んでいく。この期間は練習生と呼ばれている。デビューするときは、かなりの完成度に達しているのだという。

このあたりが日本のアイドルと違う。ジャニーズ系やAKB48にしても、デビューしたあとに育っていくという感覚がある。ファンにしてみたら育てていく意識だ。日本の音楽業界のひとりは、日本のアイドルとKポップについて、こんなことをいっていた。

「日本のアイドルは高校野球、Kポッ

プはプロ野球。そのぐらいの違いはある。ただ、高校野球には、それなりのよさがある」

それはアイドルというものへの意識の違いなのだろう。韓国でのアイドル感は、すでに完成した存在のタレントなのだろう。かつて日本で『たまごっち』という電子ゲーム機が大流行したことがあった。「たまごっち」と呼ばれるキャラクターを画面のなかで育てていくゲームである。しかしこのゲームは、韓国ではあまり流行《はや》らなかった。韓国の人は、育てていくということに興味を示さないのだろうか。

Kポップの男性アイドルに走る日本人女性の多くは、それ以前、ジャニーズ系のグループのファンだったといわれる。そのままジャニーズ系のグループを追い続ける人もいるが、途中でKポップに方向を変えていく女性たちもいる。その場所に地雷があるということなのだろうか。育てていくというアイドル感に飽き足りない女性たち……そんなことを考えてもみる。

草食系アイドルへの欲求不満という人もいる。Kポップの男性アイドルの体は、ファンの言葉を借りると「細マッチョ」ということらしい。見た目は細身だが、しっかりと筋肉がついている体である。

「そういう体づくりも含めて、しっかりと自己管理しているところもすてきなんで

街角にもＫポップアイドル。上半身を見せるのはお決まりのファンサービス？

す。ムキムキじゃないけど、二の腕なんか、けっこう太いですから。それでいて優しい。アイドルなのにツイッターでファンと絡んだりしてくれる。そういう魅力って、日本のアイドルにはないかも……」

　韓流ドラマのなかには、突然、シャツを脱ぐシーンが織り込まれることがある。意識的にぴちぴちのＴシャツを着ているときもあるという。肉体美というセックスアピールは、韓国では必要なことなのかもしれない。

　何人かの日本人から話を聞いたが、Ｋポップの男性アイドルに、性的魅力を感じとっている人は少なかった。それよりも踊りのシャープさや歌唱力なのだという。

そんなことを考えながら、オリンピックパークのドーム前に並ぶ、三、四千人の女性たちを眺めてみる。四月のソウルにしては暖かい日で、炎天下に立っていると汗ばんでくるほどだ。ここに待つ人は全員、切符を手にしているが、アリーナ席は立ち見だから、先頭にいれば、よりステージに近い位置に立てる。最前列にいるファンは、もう三、四時間、いやそれ以上、立ち続けている。そのエネルギーが理解できず、入口脇に立ち尽くすしかない。

こういうことを書くと嘲笑されるかもしれないが、僕はこれまで、コンサートというものを観たことがない。新聞や週刊誌の記者をしていたから、ステージ脇から観たことはある。記事も書いてきた。しかし本質的なファン心理というものがわかっていない。そういう人間なのだ。Kポップファンは、その対極にいる人たちのように思える。もちろん、対極にいるファンのほうが多数派だ。

会場は二万人を収容する。ざっと眺めると、日本人は二、三割といったところだろうか。五千人ほどのファンが日本からやってきたのだ。列で待つ間は暇で、スマホで写真を撮るのだが、誰もが最初にシャッターを押してもらうのは、会場をバックにした自分とチケットのツーショットだ。チケットを買うことができたことに酔っているようなところがある。

「下川さん、かなり浮いていますよ。向こうから見ると……」

阿部カメラマンに笑われてしまった。ひとり、なんだか難しい顔をして、埋められないKポップファンとの溝を考えていたからだろう。

入場がはじまった。列ごとに整然と進んでいく。戸惑う様子もない。どのコンサート会場でも、こんなシステムになっているのだろうか。

入口で流れる案内は、韓国語と日本語が交互になっている。

「入口でチケットを見せてください」

ソウルのオリンピックパークに、そんな日本語が響く。韓国と日本は時差がないが、ソウルの夕方は、東京より三十分から一時間ほど遅い感じがする。いま七時少し前。あと三十分もすれば、ステージにＢＩＧＢＡＮＧの五人組が登場する。そのとたん、とんでもない熱気に会場は包まれるのだろう。

「誕生日おめでとう」という広告まで出すファン心理

地下鉄の明洞《ミョンドン》駅で、その広告を目にした。ホームへの階段を降りようとすると、頭上の広告が見えた。アクリル板に印刷された広告を、バックライトで映しだす広告だった。そこに東方神起のユノがいた。一緒にいたハングルがわかる日本人女性に読んでもらった。

「『誕生日おめでとう』って書いてあります」

「誕生日？　誰の？」

「やだな、下川さん。ユノの誕生日に決まってるじゃないですか」

「ユノの誕生日？　これ、広告なの？」

「ソウルではときどき目にしますね。ファンクラブが広告を出すんです」

「……？」

「皆で誕生日をお祝いしようっていうファンの気持ち、わかりません？」

「……？」

仮に僕がAKB48の誰かのファンだとしても、その女性の誕生日を皆でお祝いしようなどという広い心はもっていない。東方神起の所属事務所であるSMエンターテインメントが、ファンクラブを装って広告を出しているような気もした。ユノにはこんなに熱烈なファンがいる……と。

「ちょっとひねくれていませんか？　なにか嫌なことでもあったんですか」

嫌なことなら毎日ある……いや、そういうことではなかった。

それから二カ月後、同じ明洞駅でEXO（エクソ）のタオの広告を目にした。最近のKポップのグループは、アジアの国々の男の子をメンバーに組み入れている。日本人もいる。タオは中国人で、かなりの人気だという。

「十周年とかアルバム発表の広告、新年のあいさつの広告もあります。地下鉄のホームだけじゃなくて、バスのボディや江南《カンナム》のメイン通りの看板広告もありますね。ファンクラブには、公式と非公式があります。公式ファンクラブは、事務所などがかかわっていますが、広告を出すのは、ほとんどが非公式のファンクラブ。三人で資金を出しあったり、ひとりで出す人もいますね」

Kポップの広告を扱うウィナイス社のイ・ユンソンさんは説明してくれた。企業サイドのプロモーションではなく、ファン心理の発露というパターンが多いというのだ。

「ファンクラブのなかで一目置かれたいっていう思いなんでしょうか」

「それもあるかもしれませんね。でも、広告を出して本当に喜んでいるファンは多いんです。SUPER JUNIORっていうKポップグループのウニョクは、その広告の前で同じポーズの写真を撮って、ありがとう、というメッセージをツイッターにアップしていました。ファンとの交流ですね」

広告代はさまざまだが、業界で知られている話では、東方神起のユノの大きな広告を一カ月掲示して九百万ウォン、日本円にして九十万円だったという。

しかし広告主が若いKポップファンのため、広告会社は苦労する。連絡が入り、掲示する場所を探し、広告をつくっていく流れになるのだが、使う写真選びが難航する。なにしろ熱狂的なファンなのだ。自分が気に入った写真でなければ納得しない。刺青や煙草を喫っているシーンはNGといった、掲示場所のルールもある。

「いちばん困るのは途中で止めること。契約したのに、資金が集まらないから止めますっていう連絡を平気でメールしてくるんです。まだ若いから、契約の重要さみたいなものを理解していない人がいる。代金を支払ったファンクラブのなかには、広告を止めるんで支払った代金を全額、返してほしい、と伝えて

ファンクラブの広告。「誕生日おめでとう」（提供：ウィナイス社）

地下鉄はファンクラブ広告のメッカ（提供：ウィナイス社）

くることもあります。違約金については、契約書にちゃんと書いてあるんですが……」

ファンクラブの広告にはビジネス色が薄いなりのトラブルがあるわけだ。

この世界にも中国マネーが流れ込んできている。Kポップのファンは韓国人のほかでは日本人と中国人が多い。香港やタイなどにもファンはいるが、その数はそれほど多くない。韓国、日本、中国がKポップを支えている。当然、広告を出したい心理は日本人や中国人のファンも共有している。しかしその資金力は、中国がずば抜けている。ひとりで広告を出すことができるファンは、中国人だけだという。

第四章　韓国中華

チャジャンミョンから
たくあんへの道のり

はじめて食べたのは、一九八八年のことだから、もう二十五年以上前になる。僕の実質的なデビュー作である『12万円で世界を歩く』（朝日新聞社）の取材で韓国を訪ねたときだった。この旅は、僕とカメラマンが十二万円ずつを受けとり、どこまで行って帰ってくることができるかという貧乏旅行企画だった。

一回目はインドネシアのスマトラ島で赤道を越える旅だった。二回目はネパール。アンナプルナのベースキャンプをめざした。そして三回目が韓国だった。予算的には十分だったが、一回目や二回目に比べるとインパクトに欠けた。そこで行く先々で、「韓国一」のものを探していくという企画も加わった。

旅も終わりに近い釜山《プサン》の街だった。韓国でいちばん人気の麺——それがチャジャンミョンだった。食べることができるのは、一般の韓国食堂ではなく、韓国風中華料理屋だった。店はいたるところにあった。入ったのは港に近い路地裏の、二階にある店だった。

スープのない麺の上から、黒っぽいたれをかけた料理が出てきた。箸を使って麺とたれを混ぜあわせ、食べる料理だった。

見た目はよくなかった。なにしろたれが黒いのだ。どうしてもグロテスクに映る。しかしそれをひと口啜《すす》ったとき、構えていた味覚の糸がぷつんと切れた。ほっこりするほど優しい味だった。見た目との落差は、イカ墨料理に似ているかもしれない。真っ黒いイカ墨汁は、啜ると虚を衝《つ》かれたような穏やかな味がする。

韓国の料理は、トウガラシをよく使うから、料理によってはかなり辛い。白身の魚を蒸し、茹でたモヤシなどとからめた料理などは、途中で箸を置きたくなるほど辛い。強い色の料理は、口に運ぶ前に、どこか身構えてしまうようなところがある。しかしチャジャンミョンは、料理の系統が違っていた。中華ということなのだろう。

そのときのノートを見ると、一杯七百ウォンと書いてある。当時の日本円にして約百二十円ほどだった。その後に韓国経済は大きな荒波を受けてきた。一九九七年には、アジアの通貨危機に端を発した経済危機に陥り、国際通貨基金（ＩＭＦ）の管理下に入ったこともある。インフレは進み、いま、チャジャンミョンは五千ウォンから六千ウォンという値段がつけられている。日本円にすると、五、六百円といったところだろうか。

はじめてチャジャンミョンを食べた頃、この麺料理は、その安さで人気一位の座を得ていた。コーヒー一杯ほどの値段の料理だった。

その後、韓国に行くたびに、チャジャンミョンを食べるようになった。とりたてて好物というわけでもなかったが、チャジャンミョンを出す店が簡単にみつかることと「チャジャンミョン」という僕の発音でも、注文することができたからだ。

韓国の食堂は、どんな料理の店なのかがなかなかわからない。看板から、店の前に掲げられたメニューまで、ハングルで染まっていることが多いからだ。昔は料理の写真を店頭に掲げる店も少なかった。そういう店で、どうやって食べたい料理にたどりつくか。そのあたりは第一章で紹介している。しかしチャジャンミョンを出す店には、必ず漢字があった。『正統中国料理』という文字の下に、店名の漢字が躍っていることが多かった。通りや路地裏を埋める看板はハングルばかりでとりつくしまがなかったから、そのなかに漢字があると、つい視線が向いてしまうのである。その店が記憶のなかに残っていて、昼どき、なにを食べようかと思いめぐらすと、「たしかこの近くに店があったような……」と漢字を探す段どりだった。チャジャンミョンは安かったから、バックパッカー風の旅を続ける身としてもありがたかった。

チャジャンミョンと同じようによく食べたものに、うどんがあった。これは市場

チャジャンミョンは毎日食べても、なぜか飽きない。甘さにしつこさはない

や駅で、日本の立ち食いそば屋のような店を構えていたから、みつけることが簡単だった。そして、「うどん」というだけで注文することができた。うどんは韓国語でも「うどん」だった。

チャジャンミョンと、うどん。このふたつは、僕の韓国のひとり旅を支えてくれた料理といってもよかった。

屋台などでしこたまソジュを飲んだ翌日は、だいたいうどんだった。ひどい二日酔いで、しっかりした料理を胃が受けつけなかったのだ。韓国のうどんは、スープが頼りないほど薄めで、やや辛みが利いていたから、二日酔いに苦しむ遅い朝は助かった。

韓国の男たちは、二日酔いの朝はソルロンタンだと、判で捺《お》したようにいう。ソルロンタンというのは、牛のさまざまな部位をじっくり煮込んだ白いスープだ。具はやはり牛肉である。彼らがいっていることはわかるが、僕の二日酔いの胃にはやや強い。薄いうどんのスープのほうが優しい気がするのだ。

普通の日の昼食はチャジャンミョンにすることが多かった。この料理は麺の量が多く、安いわりに腹がいっぱいになった。昼食には頃合いだった。

しかしふたつの店の雰囲気はずいぶん違った。うどん屋は、日本でいえば、立ち食いそばの風情だった。韓国のうどん屋は立って食べることはないが、どこか時間のないサラリーマンが、簡単にすます昼食だった。しかし、しっかりとしたテーブルを置く韓国中華の店は、何人かで入るほうが似合っていた。昼どきは会社の同僚らしいグループで席が埋まる。休日には家族連れが増える。チャジャンミョンは子供も大好きらしい。

「今日はどこかで昼食でも食べようか」

そんな乗りで、韓国中華にやってくる。いまの日本だったら、回転寿司か焼肉といったところかもしれない。韓国中華はそれほど高くないから、財布を気にせずに注文できる。韓国のファミリーレストランの雰囲気ももっていた。

あれは四、五年前のことだったろうか。ひとりの日本人男性と韓国中華の店に入った。彼は旅行誌にかかわっていて、一緒に韓国の出版社を訪ねたあとだった。オフィスビルに挟まれた路地にあった店に入った。ふたりでチャジャンミョンを啜った。

「下川さんって、どうしてこういう店、知ってるんです？　僕はソウルには三、四回来たけど、こういう店、一回も入ったことがなかったんで」

「どうしてっていわれても……。昔からときどき入ってたんです。店名が漢字だから、みつけやすいし……」

「でも普通、入らないんじゃないですか。ソウルは日本に近いから、二泊三日って日程が多いでしょ。昼食や夕食の回数は二回ずつってことじゃないですか。その間に、めいっぱい韓国料理を食べようとする。ソウルに来て、中華を食べるって発想、ないと思うな」

「僕だってそうですけど、韓国料理の店って、よくわからないじゃないですか。ハングルが読めないと、注文もできないし。それでつい……入っちゃって。やっぱ、いけないですかね」

「いや、いいとか、いけないってことじゃなくて……。でも、下川さんは本を書くから、取材を兼ねて、いろんな韓国料理にトライしているのかと思ってました」

「……」

　言葉の裏に険があった。旅を書く人間である以上、ソウルで中華など食べていてはいけないのではないか……と。

　こういうところがだめなところだと、ときに反省することがある。僕の原稿は、食に関する内容が薄い。理由はある程度わかっている。たいしたものを食べていないからだ。栄養がないものばかり食べているという意味ではない。その国の名物料理や珍しい料理を口にする機会が少ないのだ。食費を切りつめる旅ばかり続けてきたせいか、安い料理で満足してしまうようなところがある。しかし食べることが本当に好きなら、金はなくても、それなりの料理に分け入っていくはずだ。僕はどうも、その熱が低い。だから長い旅も続けられるのかもしれないのだが。

「でも、ソウルにもあるんですね。韓国風中華が。まあ、中国に近いわけだから、当然といえば当然ですけど。こういう店って、日本でいったらラーメン屋みたいなものなんですか？」

「いや、ちょっと違うと思う。でも、日本の駅前にあるような中華料理店っていうわけでもないんです。やっぱり韓国風中華料理店としかいいようがないかな」

「……」

知人がもっとはっきりとした答を期待していたことはわかる。しかし僕自身、この韓国中華の存在はよくわからなかった。

しかし考えてみれば、不思議な存在だった。おそらく日本の中華と同じ道を歩んできたのではないかと思う。やってきた中国人が、いままで見たこともなかった料理をつくった。それをとり込み、それぞれの国の料理の進化系のなかにとり込んでいった気がする。

そして両国の中華料理店は、国民的ヒット作をつくりだす。日本のラーメンと韓国のチャジャンミョンである。しかし日本のラーメンは、中華料理から枝分かれし、ラーメン専門店に発展していった。いまや世界では、日本料理というと、ラーメンを思い浮かべる人が少なくない。円安とビザ緩和の流れに乗って日本にやってくる人々は、ラーメン店に走る。自分の国でも食べているのだが、本場はもっとおいしいだろうという期待があるのだ。

しかし、チャジャンミョンは、ある時点で進化が止まってしまった。いまだ韓国風中華料理店のなかにいる。韓国では、チャジャンミョンの専門店に出合ったことがない。韓国人たちも食べ飽きてしまった感があり、最近では、その人気にかつての勢いはない。

仁川《インチョン》に行ってみることにした。ソウルから電車で一時間ほどの仁川は、日本でいったら横浜にあたる。港は首都との物資輸送の役割を担っている。そして横浜と仁川にはともに中華街があった。仁川でチャジャンミョンを食べてみるという狙いもあったが、そこにあるというチャジャンミョンの博物館を訪ねてみたかった。

仁川の駅を降り、そこから延びる坂道の周囲に中華料理店が連なっている。坂ののぼり口には赤く塗られた門もある。博物館は、中華街のメイン通りの裏筋にあっ

週末の中華街はこの混雑。横浜の中華街より規模は小さいが、観光客は多い

撮影スポットがいくつかある。チャジャンミョンのオブジェだけですが

た。

かつてここにあった『共和春』という中国料理店の建物が使われていた。もともとは中国からやってきた人向けのホテルだったのだが、チャジャンミョン人気に乗って中国料理店になったようだ。一九八〇年代までこの建物で店を開いていたという。

仁川港は一八八三年に開港した。そこで働いていた中国人労働者たちが、中国の山東風の麺料理を食べていた。それがチャジャンミョンのルーツのようだった。山東省は黄海を挟んだ仁川の対岸である。

チャジャンミョン、その発音からもわかるように、中国のジャージャー麺に似ている。漢字で書くと炸醬麺《ジャージアンミエン》である。北京を中心とした中国北部の麺料理だから、山東省からやってきた人々が食べていたのは当然だろう。

炸醬麺は、豚のひき肉にシイタケやタケノコなどを加え、豆豉《トウチ》を加えて炒めた具を麺の上に載せる料理だ。食べるときは、具と麺をからめる。そのとき辣油《ラーユ》を加える人が多い。しかし戦後、この炸醬麺に、大胆な韓国風アレンジが加えられる。チャジャンという韓国風味噌だれにキャラメル味を加え、甘めの具にしてしまったのだ。この味があたった。韓国内で一気に広まっていくのだ。そのなかで定着していったものが、いまのチャジャンミョンである。タマネギと豚ひき肉を炒め、甘めの味噌だれを加えていくスタイルだ。

博物館のなかに、当時の食堂が再現されていた。食堂のテーブルを四人家族が囲んでいる。全員が正装である。小学生か中学生の子供の卒業式が終わったあとの食事……という設定だという。

きっと家ではこんな会話が交わされていたのだ。

「明日の卒業式のあと、お祝いに外食にしましょう。お父さんもオーケーだから。ふたりはなにが食べたい？」

間髪を入れず、ふたりの子供はこう口を開く。

「チャジャンミョン！」

考えてみれば、ずいぶん安あがりなお祝いである。親にしても、子供たちが、「チャジャンミョン！」と叫ぶことがわかっていたから外食に決めたのだろう。朝鮮戦争が終わり、一気に経済復興の軌跡を走る時代だった。世界からは〝漢江《ハンガン》の奇跡〟と呼ばれるほどの高度経済成長だった。人々の暮らしは貧しかったが、右肩あがりの経済のなかで韓国人の目は輝いていた。いまにして思えば、単純な時代だったが、街にはエネルギーがあふれていた。いい時代だったのだ。チャジャンミョンは、そんな時代に寄り添っていたのだろう。子供好みの甘めの味つけと安さがヒットの要因だった。

おそらくチャジャンミョン人気は、日本のラーメンの比ではなかった気がする。いまの四、五十代の韓国人の舌には、あの時代がチャジャンミョンの味とからみあって残っているのだろう。

あまりのヒットが、保守化の道を歩ませてしまうことはよくある。少しでも味を変えると、当時を知っている人たちから苦情が届いてしまうのだ。チャジャンミョンの進化が止まったのはそのためだろうか……などと考えてもみる。

韓国に定着したチャジャンミョンのルーツは、中国北部の料理である。しかし日本に広まっていった中国料理は、上海以南、とくに広東料理系が多かった。北と南の料理ということだろうか。上海から広東にかけての土地は食材が豊富だ。とくに広東料理は、「四つ足は机と椅子以外、二足は親以外ならなんでも食べる」といわれるほどの貪欲さを秘めている。それに比べると、食材の種類が少ない中国北部の料理には、変異を好まないような因子が埋め込まれているのだろうか。

仁川を訪ねたのは日曜日だった。ソウルから電車で一時間ほどの仁川は、ソウルに住む人たちにとっては手軽な観光地でもある。道に沿った中国料理店には、長い

博物館では家族のチャジャンミョン外食を再現。あの、中央にいるのは僕です

もちろんカップ麺のチャジャンミョンもある。中国では人気だとか

列ができていた。僕が入ったのは、メイン通りからはずれた『大和園』という店だった。ほとんどのテーブルは埋まっていた。二階の個室に案内されてしまった。中央に丸い回転テーブルが置かれている。ここでチャジャンミョンを注文するのも……と思ったが、仁川の目的は本物のチャジャンミョンである。入口で見渡すと、客の多くがチャジャンミョンを食べていた。

「これが本物の味？」

具がからんで黒くなった麺を啜りながら呟《つぶや》いてしまった。これまで食べてきたチャジャンミョンとあまり変わらないのだ。料金は五千ウォン、約五百円と、街なかで食べるより千ウォンほど高い。

「ただ、タマネギがわからないほどに煮込んである。このあたりが違いかなぁ」

「細部の違いが本場の味ってことですか」

「そうなのかも……」

チャジャンミョンを食べるのははじめてという阿部カメラマンの面もちは神妙だった。

それから連日、ソウルの昼食はチャジャンミョンだった。

翌日に食べたのは、永登浦《ヨンドゥンポ》市場の入口近くにあった店だった。入口には「正統中

街角の韓国中華屋。ハングルの洪水のなかではつい目が行く。わかるでしょ

国料理」と書かれていた。出てきたチャジャンミョンは、煮込んだタマネギが形を残していた。上には太めに千切りされたキュウリとウズラの卵も載っていた。麺が長いようで、運んできてくれたおばさんがハサミで切ってくれた。冷麺を食べる気分だった。

翌日の昼は、景福宮《キョンボックン》駅近くの店で食べた。二階にある店だったが、テーブルクロスが敷かれ、どこか洋食屋のような雰囲気だった。具の上には数本のカイワレダイコンが載っていた。その次の日は乙支路入口《ウルチロイック》の駅近くの店で注文した。この一帯は、中国大陸からやってくる観光客も多く、彼ら向きの食堂も何軒かあった。その店は「飯店」とか「酒家」という看板を出していた。僕らが入ったのは、そことは違う「正統中国料理」と書かれた店である。店には韓国人の客しかいなかった。中国人たちは「正統中国料理」という漢字が読めるわけだから、どやどやと入ってきてもよさそうだったのだが。

ソウルに観光でやってくる中国人たちは知っていたのかもしれない。正統中国料理は、正統でもなんでもない韓国料理だ……と。しかし店側は、やってくるかもしれない中国人向きに、壁のメニューに漢字を添えていた。チャジャンミョンには、「内尼炸醬麵」という漢字が当てられていた。

「内尼？」

あまり見かけない漢字だった。中国語を勉強した日本人にメールを送ってみた。こんな返事が届いた。

〈内尼？　たぶんその漢字はないかと思います。肉泥の間違いではないでしょうか。肉泥は、ひき肉とか肉味噌のような意味になります〉

おそらく店を切り盛りする韓国人の間違いだろう。韓国の地名や名前には漢字が使われることはあるが、多くの人は読むことができないといわれている。ましてや書くとなると大変なことなのだ。韓国で目にする日本語看板も、ときどき怪しいものがある。同じような間違いを漢字でもやっているわけだ。日本人も人のことはいえないが。

四日連続で、昼食にチャジャンミョンを食べた。その結論めいた感想といえば、どれもほとんど同じ味だった、景福宮駅近くの店は、やや甘みが控えめだったとか、乙支路入口の駅近くの店は具にねばりけがあったといった違いはあったが、味はかなり似ていた。

やはりチャジャンミョンは、ヒットしすぎたのだ。店によって味が変わらないこの麺は、頑固といえなくもないが、味を変えることを客が許さないようなところが

チャジャンポックンパプ。チャーハンのこくは増すが、おいしくはならない

あった。

十年一日のごとく、淡々とチャジャンミョンをつくることが、正統中国料理店のコックの達観なのかもしれない。しかし彼らも新しい料理を編み出したかったのだろう。だからといってその味は変えられない。こういう厳しい制約のなかで生まれた料理が、白いご飯やチャーハンの上からチャジャンミョンの具をかけるという料理だった。前者をチャジャンパプ、後者をチャジャンポックンパプという。景福宮駅の店では、阿部カメラマンにチャジャンポックンパプを頼んでもらい、味見させてもらった。韓国人はご飯を見ると、すぐに混ぜたがる民族である。このチ

ヤジャンポックンパプも、チャーハンとチャジャンを混ぜまぜして食べるのが正統派らしい。僕らも混ぜて食べたが、普通においしい、といった味で、さしたる感覚もなかった。チャーハンもチャジャンも想像できる味で、その域を出ていなかった。一足す一は三にならず、いくら混ぜても二のままだった。

韓国中華には、もうひとつの人気メニューがあった。チャンポンである。最近、韓国中華の店に入ると、チャンポンを食べている人が増えてきている気がする。チャジャンミョンを注文する人との割合は、すでに半々ぐらいになっているのではないだろうか。

チャンポンは、韓国語でもチャンポンと発音する。以前、ひとりの韓国人がこう説明してくれた。

「ルーツは長崎チャンポンです。それが伝わったわけです。ソウルには、韓国人向けの日本料理店がかなりあります。チェーン店もある。韓国風にアレンジされていますから、日本人のなかには、あれは日本料理じゃないっていう人もいますけど……。そこで出されるのは、長崎チャンポンです。長崎ってつけなくちゃいけないんです。味は長崎チャンポンに近いですね。なぜ、長崎とつけなくちゃいけないかというと、韓国にはチャンポンもあるんです。これは韓国中華の専売特許。ほかの店が手を出しちゃいけない世界ですね。これも長崎チャンポンがルーツなんですが、より韓国ナイズされています。韓国ナイズされて、韓国中華に定着したんです。わかります？　長崎チャンポンとチャンポンの関係が」

はじめて聞いたときは混乱した。日本語で説明してくれたのだが、彼の留学経験は二年だから、込み入った話になると頼りない。チャンポンの話は、それなりに込み入っていた。

話をさらに混乱させそうで申し訳ないが、日本のチャンポンにも触れておく。そうしないと、韓国のチャンポンをうまく説明できないのだ。

チャンポンは長崎で生まれた。明治の末期だという。福建省出身の陳平順という料理人が、長崎にいた中国人の留学生のためにつくった麺料理だといわれる。留学生だから、金はない。陳は店で使った食材の残りなどを使った。いってみれば、賄いの麺料理だったのだ。具は日によって違ったのかもしれない。しかし中国料理店だから、肉や野菜以外に魚介類も入っていた。

やがてこのチャンポンが日本化の道を進みはじめる。その一例が佐賀県にいまもある北方チャンポンだという。発祥地は武雄市北方。その地名がつけられたチャンポンである。かつてこの一帯には、西杵炭鉱があった。そこで働く男たち向けに、日本風チャンポンが考案された。魚介類は使わず、モヤシ、キャベツ、タマネギなどを豚肉と一緒に炒めて、麺の上に載せた。スープは豚骨ベースだった。おそらく魚介類は値が張ったのだろう。値段も安く、腹がいっぱいになる麺……それが北方チャンポンだった。

ここから話は対馬海峡を越える。韓国人は長崎チャンポンがルーツだというが、はたしてどんなチャンポンが海を渡ったのかはよくわからない。韓国人が日本のチャンポンにそれほど詳しくなかったとすれば、野菜の多い日本風チャンポンだった可能性が高い。

以前、韓国人向け日本料理の店で、長崎チャンポンを食べたことがあった。正直、その味は、リンガーハットの「野菜たっぷりちゃんぽん」に似ていた。魚介類の具はあまり多くなかった。

それに対して、韓国中華のチャンポンである。

はじめて食べたのは、仁川の中華街だった。『来利城』という店だった。出てきたチャンポンに一瞬、目を疑った。麺の上にタコがドーンと載っていたからだ。脇を固めるようにムール貝が添えられている。野菜は少なく、タマネギが少し顔をのぞかせる程度だった。そしてスープは、少し身を引くほど赤かった。

これが韓国中華の店に定着したチャンポンだった。魚介類をたっぷり使い、スープにはトウガラシを加えていく。

啜ってみた。

目が覚めたような気がした。

うまいのだ。

トウガラシの利いた辛めのスープが、麺やタコの味を引き出していた。辛みとは、こうして使うものなのか……韓国人のトウガラシ使いの巧みさに、ちょっと言葉を失いかけた。正直なところ、日本で食べるチャンポンよりおいしかった。なにか別物という感じがした。これで七千ウォン、約七百円。韓国中華の店は良心的でもある。

それ以来、心が乱れるようになった。韓国中華の店に入る。メニューは読めないが、心配はなかった。チャジャンミョンとチャンポンという言葉を覚えていればよかった。問題はそのどちらにするか……だった。

今回、僕はチャジャンミョンを攻めていったが、いつも阿部カメラマンが同行していた。正直にいうと、彼はいつもチャンポンを注文していた。景福宮駅近くの店

ソウル市内で食べたチャンポン。タコとムール貝は必須の具。そこそこ辛い

永登浦市場近くの韓国中華で食べた酢豚。韓国人の味覚を疑うほど酢が強い

では、チャジャンポックンパプを頼んだが、それ以外の店では、常にチャンポンだった。僕らは小皿をもらい、それぞれを食べていたのだ。

こういうふたり連れは少なくないことを、永登浦市場に近い韓国中華の店で知った。この店はおすすめのメニューだけが写真になっていた。ふたり用のメニューで、その内容は、チャジャンミョンとチャンポン、そして酢豚だった。

あとで知人に聞いたところ、この三つは、いまの韓国中華を支える三大人気料理なのだという。チャジャンミョンとチャンポンを半分ずつ食べ、その途中で酢豚をつまむ。なかなかのとり合わせだった。

しかしチャジャンミョンとチャンポンの完成度に比べると、酢豚はいただけなかった。

「どうしてここまで……」

と天を仰ぎたくなってしまうほど酢が強いのだ。豚肉と合わないのである。いや、この味が韓国人好みということなのだろう。日本と韓国の間の溝は、こんなところにもあった。

噂によると、長崎には最近、韓国チャンポンが登場してきたという。韓国を訪ねた日本人が、チャンポンに出合ったのだ。もともと魚介類の入っていたチャンポンは、日本化するなかで野菜中心の具に変わっていった。そのチャンポンが海峡を渡り、再びタコや貝が加えられ、スープにはトウガラシが加わって、ブーメランのように長崎に戻ってきたということになる。中国人が考案したチャンポンは、日本と韓国の間を行き交いながら、進化の階段をのぼりはじめていた。

今回、僕らは四軒の韓国中華の店に入った。最後の店でチャジャンミョンとチャンポンを食べ終えたとき、阿部カメラマンが、ぽつりとこんなことをいった。

「十年分を食べたような気がしますよ」

「十年分？」

「たくあん……です。こういう黄色のたくあんは、もう日本ではあまりお目にかかれないし、そもそもたくあん自体、あまり食べなくなったでしょ」

いっていることがよくわかった。

韓国人はたくあんをよく食べる。日本ではすっかりお目にかからなくなった黄色いたくあんである。うどんを頼むと、必ず、二、三枚のたくあんがついてくる。キムパプという韓国風海苔巻きの具にもたくあんが入る。「日本が残したもののなかで、よかったものはたくあんだけ」と韓国人がいうほどのたくあん好きなのだ。

しかし韓国中華の店で出てくるたくあんは量が違う。韓国中華の店では、なにを頼んでも、たくあんと生のタマネギ、そしてやや甘めのたれのセットが出てくる。その枚数をいつも数えていたわけではないが、だいたい八枚から十枚ほどの黄色いたくあんが小皿に盛られて出てくるのだ。その代わり、韓国料理店では必ずついてくるキムチや練りもの系のつきだしがない。つきだしを出さないことを、たくあんの枚数で補っているような気にもなってしまう。

たくあんは甘さと酸味が微妙においしく、「こりッ」とした食感も楽しい。チャジャンミョンやチャンポンを啜りながら、「こりッ」「こりッ」と食べているうちに、いつの間にか小皿は空になっていたりする。僕らは四日間で四十枚近いたくあんを食べたことになる。十年分というのは、いささかオーバーな気もするが、日々の食事を考えても、たくあんはほとんど食べていない。たしかに十年分ぐらいのたくあんを、ここ四日で一気に胃に入れたのかもしれなかった。

昔から韓国のたくあんは気になっていた。とにかくよく食べるのだ。僕のように安めの食堂を友にするような韓国旅を続けていると、出合う確率は多くなるのかもしれない。

韓国にも星の数ほどのコンビニがあるが、そこにも必ずといっていいほどたくあんは置かれている。日本の充塡豆腐のようにして売られているのだ。黄色の液体のなかに、二十枚ほどのたくあんが収まっている。

韓国のコンビニは、店内や店の前にテーブルが用意されているところが多い。給湯器もある。カップ麺やおにぎりを買ってコンビニで食べる人は多い。その光景を見ていると、一緒にたくあんを買い、「こりッ」「こりッ」と音を立てながら、カップ麺を啜ったり、おにぎりをかじっている人をよく見かける。たくあんというものは、韓国のB級食に寄り添うような漬けものなのかもしれなかった。

その日、僕はソウルの高速バスターミナルから青陽《チョンヤン》行きのバスに乗っていた。その街の郊外にたくあん工場があり、そこを見学させてもらえることになったのだ。バスは一時間半ほどで青陽に着いた。工場はその郊外の工業団地のなかにあった。ウットゥム農産という会社の工場だった。

「韓国のキムチ市場は一兆八千億ウォン（千八百億円）市場といわれています。それに対して、たくあんは六千億ウォン市場ってところでしょうか。うちは昨年、四万トンのダイコンを買いつけました。韓国ではいちばん多いかもしれません。買うのは日本の品種のダイコンです。難しいのは、日本の品種は、十一月にしか収穫できないこと。韓国の品種は、年中、収穫できるんですけど。やはり日本の品種でないと、おいしいたくあんはできないんです。日本品種は細くて長い。韓国品種は丸くて太い。韓国品種はカクテキをつくるにはいいんですけど」

副社長のオ・ヨウンさんが説明してくれる。

たくあん市場は、キムチの三分の一もの規模があった。キムチにはさまざまな種類がある。白菜キムチ、カクテキ、水キムチ、ネギキムチなど、その種類は百五十を超えるという。それに対してたくあんは、黄色いたくあん一本勝負である。目にする回数はかなり多くなる。韓国はキムチの国だが、たくあんの国といってもいい

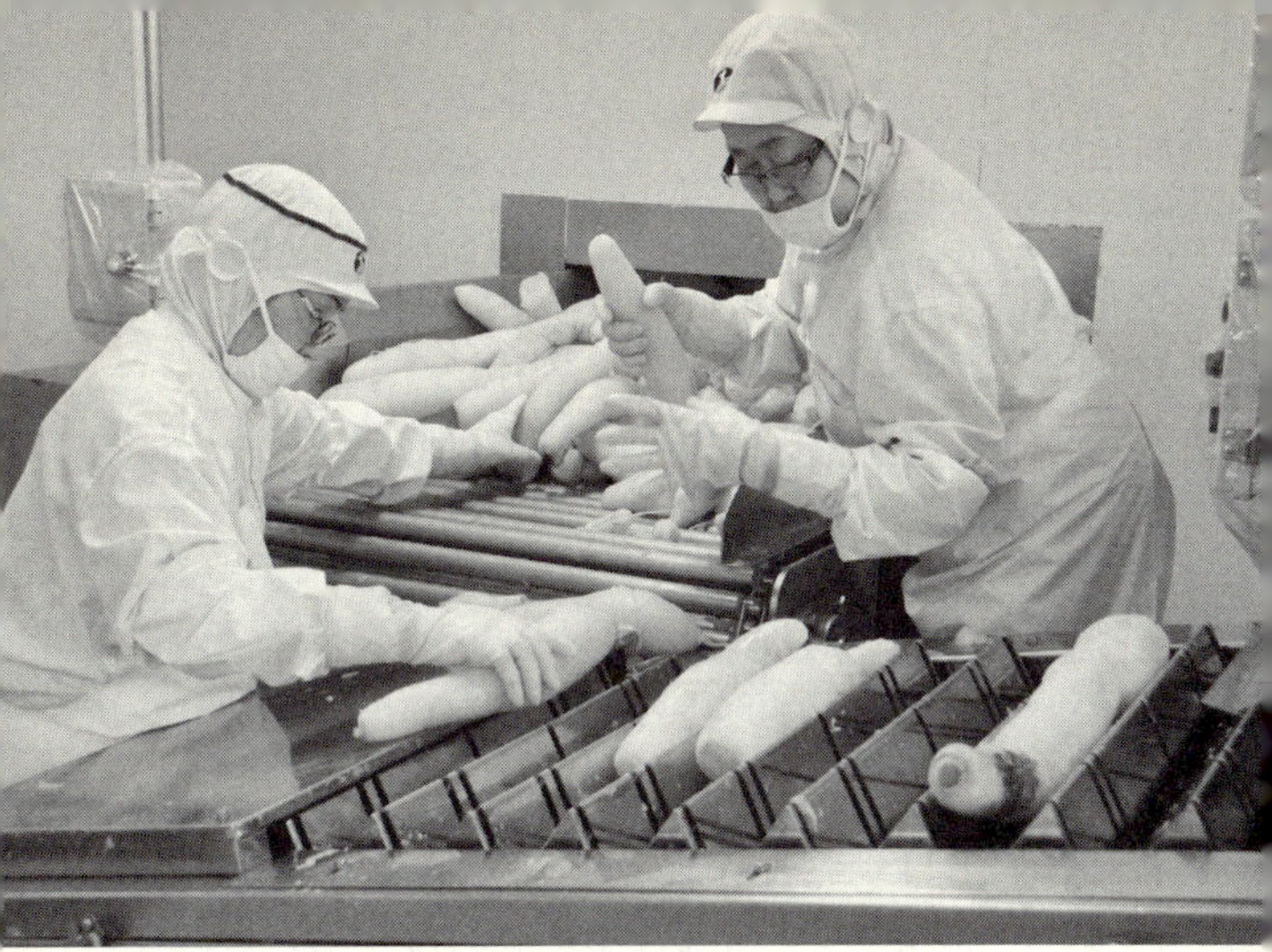

このたくあん工場の従業員は約160人。東南アジアの人々も働いている

表面を丁寧に削る。韓国の人はまだ見た目がきれいなたくあんにこだわる

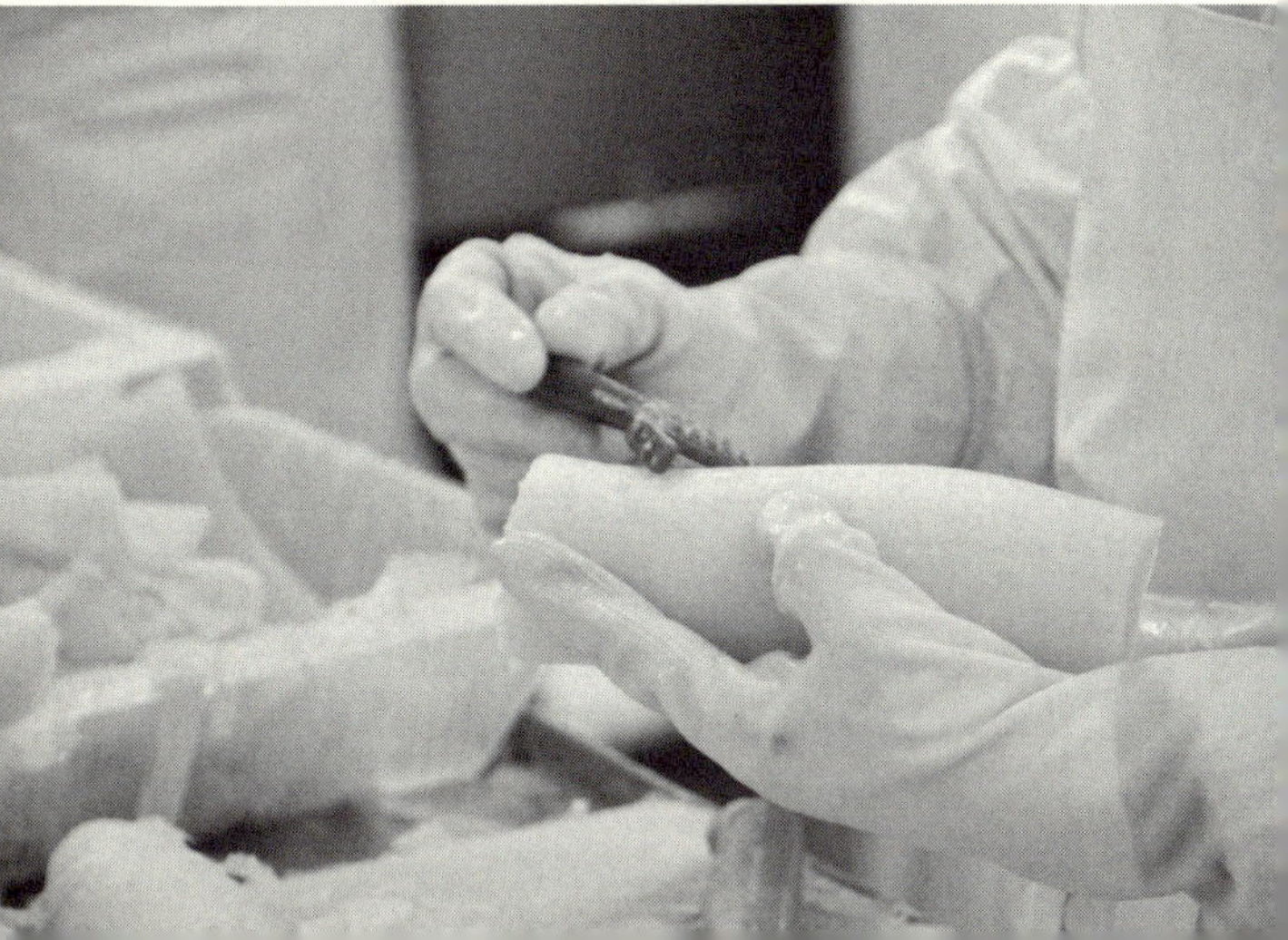

のではないか……という気になってくる。

近代的な工場だった。百六十人ほどが働いているという。漬けられたたくあんは、ベルトの上を移動し、キムパプ用、給食用……などに分けられていく。最後の工程で、黄色い液体が充塡されていく。

「日本人と韓国人では、たくあんのとらえ方が微妙に違うような気がするんです。日本のたくあんは、どちらかというと、おかずに近い。韓国はピクルスのような感覚でしょうか。だからパリッとした歯ごたえと、さっぱりとした甘さを好む。酸味は大切なんです。でも最近は、黄色に着色しない白いたくあんの出荷量が増えています。やはり自然志向なんでしょうね。たくあんづくりで重要なことは、衛生、味、無添加でしょ。韓国人の嗜好もずいぶん変わってきました。

いま韓国にはたくあんをつくっている会社は百社ほどあります。そのうち十五社ほどは、衛生面にも気を遣った生産をしています。でも、残りの八十五社は、規模も小さくて、昔ながらの方法でつくっています。韓国中華の店のなかには、そういうところから買っているところも多いですね。昔からのつきあいもありますから」

工場を見ている途中、気になる作業をしているおばさんを見た。漬けたダイコンの皮むきだった。日本のたくあんも皮をむいているだろうが、ダイコンの太さまで整えるかのように丁寧にむいていた。日本のそれは、あまり整うと手を入れすぎているると思われるのか、ダイコンの形が残ったたくあんが多い。そういえば、韓国中華の店で食べたたくあんは、みごとなほどに整っていた。表面に凹凸などなく、太さまで均一になっていた。

「そうなんです。韓国の人は、まだ見た目を気にします。表面に窪みが残っていたりすると、腐っているじゃないかって苦情が寄せられるんですよ」

チャジャンミョンと同じように、韓国のたくあんも、ひとつの定形ができあがっているようだった。

釜山の路地裏のチャジャンミョンからはじまった旅は、仁川のチャンポンを経由して、青陽のたくあん工場にたどりついてしまった。

保存された日本人町を訪ねる韓国人たちの「いま」

仁川《インチョン》の中華街は、駅から続く斜面に沿って広がっている。その坂道をまっすぐのぼっていくと丘の頂に広がる公園に出る。そこを右手に向かって坂道を下りていくと、街の国籍が変わった。中華街を韓国にある中国としたら、韓国にある日本が出現したのだ。

進むとひとつの石段に出た。上から見下ろすと、右側が中国式の石柱、左側には日本式の石灯籠《いしどうろう》が並んでいた。

「ここが境界か」

話は百四十年ほど前に遡る。朝鮮への圧力を強めていた日本は、江華島事件を機に、日朝修好条規を結ぶ。一八七六年、明治九年のことだ。このとき、仁川港は開港される。

そこで日本は仁川に租界をつくる。欧米は日本の横浜に居留地をつくった。その手法を仁川にあてはめていったわけだ。

それから九年後、中国、当時の清《しん》が仁川に租界をつくる。清もまた、自国のなかに租界をつくられていた。南京条約によって、イギリス、フランスとアメリカは上海租界をつくった。

日本も清も、自らの国に外国人が暮らす一画ができあがっていた。そのやり方で、仁川に租界をつくっていったのだ。

仁川駅から歩くと、はじめに中華街があり、その奥に日本人町跡が出現する。しかし港から眺めると、正面に日本の租界があり、その奥に中国租界ができた位置関係になる。

日本人町には、さまざまな日本が残されていた。中国租界と日本租界を分ける石段を下り、左手に向かう道の両側には、かつての日本人町の木造家屋が保存されている。一階はカフェや雑貨屋、会社などが入っているが、そこを歩いていると、古い街並みが残った日本の城下町を歩いているような気分になった。

その先にある大きな建物が、かつての領事館である。ロマネスク様式が生かされている。いまは仁川市の中区庁舎として使われていた。

この建物を背に、港に向かって坂を下ると、かつての日本人町の中心街に出る。ここに残されているのは、石づくりの建物が多くなる。長崎の銀行である旧十八銀行の仁川支店、大阪の旧五十八銀行の支店、第一国立銀行の出張所などだ。そのなかには、博物館として利用されているところもあった。そして旧日本郵船の支店の建物……。

日本租界は、一九一四年に租界ではなくなった。日本は韓国併合を果たし、半島を植民地にしたからだ。

旧銀行の建物からは、租界から植民地へと進めていった日本の権威のようなものが伝わってくる。日本は半島を支配していくために、威厳のある建物をつくっていかなくてはならなかったのだろう。

韓国内には、日本人町を保存している場所がいくつかある。日本海側の九龍浦《クリョンポ》と黄海に面した群山《クンサン》を訪ねたことがある。どちらも整備が進んでいた。しばらく前まで韓国の人が住んでいた家もあった。ふたつの街で進められていたのは、観光地として日本人町を売りだしていくことだった。日本人町テーマパークづくりといってもよかった。

実際、整備が進んだ九龍浦には、多くの韓国人がやってきていた。日本家屋のなかは博物館のように整えられ、日本のランドセルや教科書が展示されていた。そこに向けて、韓国の人たちがスマホのシャッターを切っていく。

保存されている日本人町。港に向かう緩い斜面に日本租界はつくられた

日本租界と中国租界を分けた石段。右が日本灯籠、左が中国灯籠

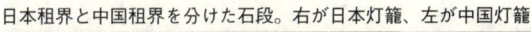

日本と韓国。政治の世界では、厳しい言葉のやりとりがある。韓国の旅を考えたとき、この問題の前で躊躇する日本人もいる。

しかし韓国では、彼らにとっては屈辱の年月だったはずの植民地時代に建てられた日本家屋を残し、そこが観光地になっていくのだ。最近の九龍浦では、日本の着物を着ることができるのだという。和服姿で通りを歩き、それを写真に撮っていく。

九龍浦や群山のかつての日本人町を歩きながら、埋められない溝を、ひょいと跳び越えてしまう韓国の人々の心理に悩んでしまっていた。

　それは仁川の日本人町でも同じだった。

　仁川は日本が進めた植民地支配の拠点でもあった。この街からソウルを結ぶ鉄道を建設したのも日本だった。僕はそこを走る電車に乗って、仁川までやってきたのだ。

　中華街と日本人町。異国情緒という言葉で括《くく》るには、まだ歴史は冷えていない。仁川の日本人町の歴史的な建造物には、それぞれ解説が書かれた案内板が置かれている。博物館のなかには、日本の植民地時代のポストなども展示されている。それぞれの説明が書かれているのだが、そこには日本の説明がない。

建物や道具の説明しかない。微妙にあの時代を避けた解説ばかりが続く。それが日本と韓国のいまなのだろうか。

第五章

北岳山

かつてソウルを守った城壁道を歩いて脱腸になる

景福宮《キョンボックン》と昌徳宮《チャンドックン》。パッケージツアーに参加すれば、必ず見学に訪れる場所かもしれない。景福宮の近くにはいつも大型バスが停まり、さまざまな肌の色の人々がガイドに先導され、興礼門《フンネムン》から入っていく。せっかくソウルにいるのだから、朝鮮王朝の中心であるこの景福宮ぐらい見なければいけないかと思うのだが、いまだに一回も入ったことがない。前の道は何回か通っている。この王宮を見る時間もなかったわけではないのだが、入口にいる団体客に、いつも気後れしてしまう。昔から、その土地を代表する観光地がどうも苦手である。

景福宮にはかつて王宮があり、やがて朝鮮総督府も置かれた。いまでも大統領官邸である青瓦台《せいがだい》がある。歴史的な場所でもあるが、同時に、生臭いいまの政治の舞台でもある。しかしそれが、景福宮に足を踏み入れたことがない理由でもない。団体客の間を足早に歩いている自分を想像すると、どうしても食指が動かないのだ。

だからというわけではないが、昌徳宮は何回か訪ねている。ここは一四〇五年に、景福宮の離宮として建てられた。豊臣秀吉軍の朝鮮出兵で、景福宮とともに焼けて

昌徳宮の入口。狙い目は閉館1時間前。これだけすいてきます

しまったが、一六一〇年に再建され、それ以降は長く王宮として使われていた。世界遺産にも登録されているのだが、なぜか観光客は景福宮に比べれば少ない。時間帯にもよるのだろうが、のんびりとできた。

『冬のソナタ』以来、週末の夜、十一時からはじまる韓国ドラマはよく観た。海外に出ていることも多く、すべてをきちんと観たわけではないが、『宮廷女官　チャングムの誓い』と『トンイ』はかなりはまった。ストーリーに詰めの甘さを感じたことは何回かあったが、どうしても次を観たくなってしまうドラマづくりはやはり韓国だった。『トンイ』は、この昌徳宮が舞台になった物語だった。トンイの主人公のモデルになったのは、淑嬪崔氏《スッピンチェシ》という側室だった。彼女が昌徳宮で対立していったのが張《チャン》禧《ヒ》嬪《ビン》だった。朝鮮王朝史に悪女として名を残す女性だった。『トンイ』を観ていると、自分が韓国のおばさんになったような気分になった。ビニールのカーペットが敷かれた床に座り、トウモロコシ茶などを飲みながら、真剣にテレビに観入っている姿を、ソウルの路地裏でよく目にした。そんな光景が似合うドラマだった。

昌徳宮には通明殿《トンミョンジョン》という建物がある。正面に向かって左側には、蓮池や石橋がつくられている。王妃の寝殿だった。ここで暮らしていた王妃が呪い殺されそうになるのだが、それを告発したのが淑嬪崔氏だった。そして呪いをかけたのが張禧嬪だった。

「ここがその舞台か……」

そう呟《つぶや》きながら立つ僕は、韓国のドラマにはまった歴史ファンといったところだっただろうか。

この一帯から見える山があった。位置的には、景福宮の北側になる。そこには低い山が連なっていたが、ほぼ中央に白い岩肌が見えるピークがあった。北岳山《プガッサン》と呼ばれる山だった。三四二メートルの標高があった。

ソウル市街の背後にそびえる北岳山。のぼってみたくなる山の形をしている

二〇一四年の十二月、ひとりの韓国人と会った。知人にソウルの本を書こうと思っている……と伝えると、この男性を紹介された。待ち合わせのコーヒーショップに現れたのは、五十代の男性だった。スーツにネクタイ姿だった。なんでも風水の専門家なのだという。

「ソウルの街は、風水で決められたことをご存じですか」

いきなりそう訊かれた。

「はあ……」

頼りなく頷《うなず》くと、男性はノートをとりだし、そこに丸を描いた。

「ソウルは四方を山に囲まれ、中央を東西に漢江《ハンガン》が流れています。風水の理論では、理想モデルですね。そういう土地を選んで、都にしたわけです」

そして、その丸の中央に「信」と書いた。漢字だった。続いて右側に「仁」、上に「智」、左側に「義」、下に「禮」と書き込んだ。さらに、仁の脇に東大門《トンデムン》、禮の脇に南大門《ナムデムン》と書き込むと、鞄のなかから、一冊の本をとりだした。それを指さしながら、こう説明してくれた。

「ソウルは昔、城壁で囲まれていました。その城壁が丸い線です。そして東側につくったのが、仁の門で、興仁之門《フンインジムン》、東大門です。南につくったのが崇禮門《スンネムン》、南大門と呼ばれています。西につくった敦義門《トニムン》はもうありません。北には粛靖門《スッチョンムン》をつくりました」

北の門を除き、東、西の門の名前には、それぞれ仁、禮、義が使われている。

「とすると信は王宮？」

「そうですね。これがソウルの街のマスタープランですよ。しっかりと風水理論でつくられています。まあ、このあたりは、基本のなかの基本なんですが、これを知らない人が最近は多くて困ります」

だからなにがわかったというわけではないのだが、妙に納得してしまった。いまのソウルは、城壁の外側にも広がっているが、朝鮮王朝時代のソウルは、こぢんま

南大門にある崇禮門。昔の地図を見ると、南というより南西大門といった位置

りとした城郭都市だったのだ。

その夜、ソウルに住む日本人の知人と酒を飲んだ。ソジュを飲みながら、今日の話を受け売りで披露した。

「なんかそんな話、昔、読んだことがあるなあ。ソウルに住みはじめた頃」

「韓国の人って、風水をそんなに信じてるの？」

「さあ。人によるんじゃない。少なくとも、自分の周りにはいないけどね。たぶん、その城壁だと思うけど、北側の城壁に沿って歩くことができるんですよ。ハイキング気分でね。そこからは青瓦台が丸見えだから、長い間、立ち入り禁止だったみたい。歩くことができるようになったのは数年前じゃなかったかな。途中には北岳山っていう山があって、けっこうきついらしい」

「でも、そこから眺めると、ソウルのマスタープランがよく見えることになる？」

「そうだろうね」

歩いてみようと思った。

ルートを調べてみた。臥龍《ワリョン》公園からのぼっていくほうが楽らしい。逆ルートを選ぶと、延々と石段道が続くようだった。外国人でも自由に歩くことはできたが、途中のチェックポイントでの登録が必要だった。パスポートを持参しなくてはいけなかった。

三月の寒い一日だった。

地下鉄の恵化《ヘファ》駅で降りた。ここからまず、臥龍公園をめざす。

駅近くの食堂脇で休憩をとっていた店員に訊いてみた。昼の準備もひと息ついたのだろうか。しかし店員はこの公園を知らなかった。スマホをとりだして探してくれる。少し不安になってきたが、とりあえず店員がいう方向に歩いていった。商店街を抜け、幅の広い道を渡ると、少し寂れた商店街になった。不動産屋の青年に訊いてみたが、首を振るばかりだった。若い人は知らないのかもしれなかった。風水とか六百年以上も前にできた城壁など関心がないのだろうか。

地下鉄の恵化駅で降りるとこの案内。臥龍公園の表示はありません。あしからず

道に少し傾斜が出てきた。恵化駅で降りたとき、ビルの間に山が見えた。眺める方向が違うため、景福宮あたりからの風景とは違った。しかしソウルのマスタープランを考えれば、恵化駅からも、山の方向に向かえばいいはずだった。坂道の先には、山並みが見える。

向かいから歩いてきたおじさんに訊いてみた。公園の名前はすぐにわかった。そして、「ずっと、ずっと先の山の上のほうだ」と身ぶり手ぶりで教えてくれた。臥龍公園はそんなに遠いのだろうか。

しかし方向は間違っていない。意を強くしてのぼっていくと、大学の入口に出てしまった。

〈成均館《ソンギュングァン》大学校――〉

漢字の看板を読んでみる。スマホで調べてみると、韓国の大学では上位に入る有名大学だった。ソウル大学や延世《ヨンセ》大学、高麗《コリョ》大学に次ぐグループらしい。創設から六百年、という韓国で最も古い大学でもあった。出身者のなかに、こんな名前もあった。

――ペ・ヨンジュン

『冬のソナタ』のヨン様は、この大学に通っていたのか。中退となっていたが。

いや、そういうことではなかった。臥龍公園に行こうとしているのだ。行く手を成均館大学校に阻まれてしまった。

入口脇には警備室があった。そのおじさんに訊いてみた。大学のなかをどんどん進めという。韓国の大学は開放的であることはいいのだが、ここを通らないと城壁に沿った道に行きつかないのだろうか。いや、そもそも、このルートを歩く人は多くないのかもしれない。

あとでわかったことだが、大学のキャンパスの外側に道があった。しかしその道はずいぶん遠まわりになる。歩いていくときは、大学を突っ切るほうが近道だった。

成均館大学校。方向を考えず、ただ山をめざしてキャンパス内登山

学生たちは教室移動が登山。ペ・ヨンジュンも歩いた坂道？

キャンパス内の坂道は急になっていった。途中にあったグラウンドには、仮設テントが張られ、イベントが開かれていた。空に雲は少なかったが、気温は低かった。五度を下まわっているのかもしれない。風が吹くと、つい身を固くしてしまう。しかし大学生たちは、寒風をものともせずに飛び跳ねていた。

臥龍公園への案内はどこにもない。キャンパスのなかの道は、校舎の間につくられているわけだから、どこを進んだらいいのかさっぱりわからない。角に立つ警備員に訊きながら、坂道をのぼっていく。キャンパスは急な斜面に広がっていて、車道の脇につくられた歩道は階段状になっていった。そこを教室を移動する学生たちが歩く。ちょうど授業時間が終わったのか、一斉に出てきた学生たちで渋滞が起きるほどだった。

息も切れてきた。キャンパス内の移動はしだいに山歩きのようになっていった。車道脇の歩道もなくなり、斜面に踏み跡が残る山道になっていった。ここもキャンパスのなからしい。途中にはベンチもあった。座って息を整える。木立の間に、冬の日を浴びたソウルのビル群が広がっていた。キャンパス内でだいぶ高度を稼いだ。百メートル近くのぼったかもしれない。

再びのぼりはじめると、高速道路の料金所のようなゲートに出た。ここが大学の山側の入口のようだった。警備員は誰もいなかったが。

さらに十分ほど車道をのぼっただろうか。遊具が置かれた公園に出た。ここが臥龍公園らしい。ここでチェックがあるかと思っていたが、それらしき建物はどこにもなかった。入口に飲み物や軽食を積んだバンが停まっていた。平日の今日、どれほどの人が城壁の道を歩くのかわからなかった。おじさんが暇そうにバンの横に座っていた。

さて、どちらに進んでいったらいいのだろうか。道を探していた阿部カメラマンが、「あっちかも」と指をさした。稜線状の斜面に沿って城壁らしきものが見える。そこに続く道は、麻袋のようなものが敷いてある。おそらく滑り止めだった。いまでも寒いが、もう三月である。道が凍りついているわけではない。しかし気温がマイナス一〇度を下まわる一月、二月には、かなり滑るのかもしれなかった。その方向から、アウトドアスタイルの中年おじさんの四人組が姿を見せた。この道でよさそうだった。

進むと城壁沿いの道に出た。高さが数メートル以上ある立派なものだ。石の組み方が、年代によって違うという解説パネルがあった。一三九二年に朝鮮王朝を開いた君主は、一三九六年に城壁を築いていた。平地は土を盛ったが、北岳山の稜線は石を積みあげていった。当時は天然石を積んでいった。その後、歴代の王は、この城壁を改修していく。一四二二年と一七〇四年の工事は大々的なものだったと書かれていた。一四二二年の改修では、長方形の石を切りだし、その間に小石を詰めていった。一七〇四年の工事では、規格化された四角い石をきっちりと積みあげていった。

下から見上げると、その違いがよくわかる。上に向かうにつれて、石垣は整っていく。

「城壁って、こんなに高かったんだ。これがソウルの街をぐるりと囲んでいたってわけか」

「この山側だけ見ると、万里の長城みたいですよね」

たしかにそうも見える。北からの侵入をこの城壁でくい止めようとした形に映る。中国はもう数えきれないほど訪ねているが、万里の長城は実際に見たことはない。写真で見るかぎり、その高さは十メートル近くある。それに比べれば小ぶりかもしれないが、いま、立っている場所の城壁もかなりの高さだ。

城壁に沿った道を進んでいった。稜線に沿った道だから、アップダウンがある。傾斜が急な部分は石段になっている。よく整備されているが、石段の道はそこそこ

道は城壁に沿っているので迷わないが、ソウルを見るには城壁がじゃま

なんとなくわかります？　上になるほど城壁をつくる石が四角くなっていく

きつい。

二十分ほど歩いただろうか。馬岩というところに出た。そこに案内所があった。なかに入ると、暖房にほっとした。天気はよく、城壁が北風を防ぐ道の日だまりは暖かい。しかしほとんどの道は、稜線を越える風に晒されているから、頰が痛くなるほど寒いのだ。

ここで登録をすませるようだった。入山案内のような用紙に名前やホテル名などを書き込み、パスポートと一緒に渡すと、職員がパソコンで打ち込んでいく。そして番号が記入された入城証を手渡してくれた。これを身につけて歩かなくてはいけないらしい。首からかけようとすると、

「ここから先の写真撮影はできません」

阿部カメラマンのカメラを見ながら、職員が英語を口にした。僕らは案内所の裏にあるテラスに出た。

「でも山でしょ。撮影禁止っていっても、誰が見ているわけでもないんじゃない」

木々の間から、ソウルの街を見下ろすことができた。地図を頼りに、城壁の位置を追ってみる。いまのソウルの規模から見ると、北の一画を囲っているのにすぎない。城壁に囲まれた部分は街が古いのか、ビルの高さも低い。漢江の向こう側、江《カン》

石段を下り、彰義門案内所に出て、やっと写真が撮れるようになった。その1枚

南《ナム》のビル群のほうがはるかに近代的だ。

「ここからの撮影はいいですよね」

「青瓦台が見えないから?」

「ここからも見えるんじゃないかな」

阿部カメラマンがカメラをのぞく。景福宮の建物の一部らしきものは見える。しかしその右側は山がせり出している。これから稜線伝いに歩いていくと、そのせり出した山から青瓦台が見えてしまうのかもしれなかった。

馬岩の案内所から少し進むと、立派な石づくりの門の下に出た。粛靖門だった。風水の専門家が教えてくれた北の門である。「智」と書き込まれた部分である。東大門、南大門といった略称でいえば北大門になる。しかし、ほかの門に比べ、ここは人通りはない。どこか風水の理念のためにつくられたような気がしなくもない。

粛靖門の前は広場のようになっていて、ベンチが置かれ、花壇もつくられていた。ハイキングなら、ここでペットボトルの水でも飲み、眼下のソウルを眺め、粛靖門をバックに写真でも……と思う場所だった。しかし僕らはなにもできないでいた。門の脇の松林のなかには、防寒服に身を包んだ警備の兵士が立っていたのだ。若かった。威圧感はなかった。暇そうにただ立っている雰囲気だ。職業軍人ではなかった。徴兵制でこの一帯に配備された若者のようだった。

「馬岩を出たところで、カメラを出したら、兵士がすっと現れて、カメラノーっていわれましてね。どこにいたのかもわからなかったんですけど。すごく優しい顔の兵士で、学生みたいだったけど」

僕は阿部カメラマンのあとから馬岩を離れたからわからなかった。この道には、かなりの兵士が警備にあたっているようだった。

「あれだけいると、さすがに撮れないですよ。それに城壁の上に、そう、三十メートルおきぐらいに監視所があるでしょ。あそこにはカメラが設置されてるんです。監視所のなかには、必ず兵士がいるし……」

「でも、どの兵士も幼い顔をしてるんだよな。皆、若い」

「威圧感はぜんぜんないですよね」

韓国には徴兵制がある。男性全員に兵役が課せられている。世界では徴兵制がある国は少なくないが、男性全員……という国は多くない。日本では韓国のアイドルの徴兵が話題になったりするが、男子全員の徴兵ということはなかなか大変な事業なのである。

十八歳から十九歳の間に全員が検査を受け、体力や適性などによって一級から七級までふり分けられる。一級から四級までは全員、三十歳までに入隊しなくてはならない。実際、韓国人の男子の大多数が入隊する。

北朝鮮と対峙するという韓国の立場や、韓国の歴史のなかで、徴兵制を支持する韓国人は多い。若者のなかにも、「しかたのないもの」という意識がある。一方で、兵役のエリートになることは誇りという思いもある。韓国を歩いていると、この兵役というものが社会に深く根づいている……と知らされる場面に出合うことがある。

ある夜、ソウル駅に近い路地裏を歩いていた。「ＨＯＦ」と書かれたビールパブの前に人だかりがあった。会社の飲み会の帰りのようだった。すると歩道の上で、野球やサッカーの試合で見るような肩を組んだ円陣ができた。そしてかけ声があがり、全員が大声で呼応した。周りには女子社員が手もち無沙汰そうに立っている。おそらく、「明日から頑張るぞ！」とか「契約をとるぞ！」といったかけ声なのだろうが、そこから漂ってくるものは、体育会系、韓国でいったら兵役のにおいだった。

実際、軍事訓練で円陣を組むかどうかは知らない。しかし社会に出る若者の多くは兵役を終えているわけで、筋肉質の体と一緒に、軍人的な発想が社内に漂っているような気にもなるのだ。それが会社や社会の風土を規定しているとまではいわないが、なにか組織というものを軍隊主義的なものが支えているにおいがあった。

しかし国の状況やナショナリズムとは別の流れも生まれていた。男の性というものの揺らぎだった。

一度、ロンドンのパブで、韓国人留学生と会ったことがある。彼はイギリス人のゲイと一緒だった。そして彼もゲイだった。兵役をめぐって、彼は悩んでいた。

「いま二十七歳。三十歳までに帰国して、入隊しなくちゃいけないんだ」

「帰国する？」

「帰国しないと、一生、韓国に帰ることができなくなるかもしれない。兵役を拒否すると懲役が待っているからね」

兵役については、良心的兵役拒否の問題もある。宗教上の理由などが多いが、韓国では最高裁判所で有罪判決が出ている。

　タイは無作為の抽選で徴兵が決まっていくが、そこには、ゲイやガトゥーイという、日本でオカマやオネエと呼ばれる男も選ばれてしまう。ガトゥーイであることが証明されれば、兵役は免除されるのだが、タイの場合このガトゥーイの数が多い。かつては兵役拒否の話になると、宗教や政治の話に発展したものだが、最近は性との問題にぶつかってしまうことが少なくない。

　韓国には別の問題もあるような気もする。入隊し、訓練を受けた若者は、さまざまな部隊に配属される。旅行者の僕が出会うのは、国境付近で警備にあたる兵士たちが多い。

　二〇一五年の二月、統一展望台を訪ねた。この名前がついた展望台は、韓国国内にいくつかある。北朝鮮を望むことができる展望台という意味になる。訪ねたのは、日本海に沿った高城《コソン》統一展望台だった。江陵《カンヌン》まで行く用事があり、ついでに足をのばした。

　高城統一展望台は、韓国の北端にあたる。北朝鮮との緩衝地帯に接し、北朝鮮領内にある金剛山《クムガンサン》まで見ることができた。

　展望台の手前の事務所でパスポートチェックを受け、名前を登録した。そこから少し行くと、軍のチェックポイントがあった。僕らが乗った車は、そこでチェックを受けた。若い兵士が車内をのぞく。表情は穏やかだった。すると、前のゲート脇に立っていた兵士を呼んだ。機関銃を肩にかけ、迷彩服を着た兵士がやってきた。そして周りから、なにやらいわれ、僕の隣に座っていたカメラマンに向けて、こういった。

「写真、ノー」

「……？」

写真は日本語だった。眼鏡をかけた兵士だった。そういい終わると、照れたような笑顔をつくった。周りにいた兵士からは、冷やかしの声がかかり、何人かが笑いを押し殺すような表情をつくり、下を向いた。

このシチュエーションに、僕のほうが戸惑ってしまった。おそらく眼鏡をかけた兵士は、大学で日本語を勉強していたのだろう。それを警備にあたる兵士たちは知っていて、彼に声をかけたのだ。そして皆、眼鏡をかけた兵士の日本語がうまくないことも知っていたのだ。だから皆、笑ったのに違いなかった。

はじめて日本人に接した高校生のような初々しさがあった。

「こんなに明るい雰囲気だったっけ」

僕は二十五年ほど前、この展望台を訪ねていた。一般の人に開放されてから、それほど月日がたっていなかった。北朝鮮を目にすることができるこの展望台には、韓国の人々が次々にやってきた。観光客の表情は硬かった。そして警備はものものしかった。ゲートに立つ若い兵士の態度には威圧感があった。怖かった記憶がある。おそらく当時もいまも、ここに立って警備にあたっているのは、二十歳前後の兵士なのだ。大学生なのだろう。しかしあの頃に比べると、憑《つ》きものがとれたかのように、緊張が消えていた。和気あいあいと警備にあたっているといったら、韓国軍の職業軍人はいい顔をしないのだろうが、兵士らの間に流れる空気は明るかった。

そんな状況を、軍も知っているということなのだろうか。兵役期間は少しずつ短くなってきている。陸軍を見ると、一九五三年には三十六カ月、つまり三年あった兵役が、しばらくたつと三十カ月に縮まった。一九六八年には再び三十六カ月になったが、その後は短くなる一方で、いまは二十一カ月になっている。

仮にいま、僕らがカメラを出しても、近くに立つ兵士は、血相を変えて近づいてくることはないだろう。ゆっくりやってきて、カメラはダメ……と手で合図を送ってくる程度なのかもしれなかった。それがわかっていながら、カメラを出すのも大人げないような気がした。

再び城壁に沿った道を歩きはじめた。北岳山に近づいているのか、稜線の傾斜がしだいに急になってくる。小さなピークに出、息を整えるように立ち止まると、そこに必ず兵士がいた。ピークからは眼下に青瓦台らしき建物が見える。写真を撮りたくなる場所なのだが、それを予測して、兵士が立っている。途中の松林のなかにも兵士を目にした。五十メートルにひとりはいるような感覚である。

それほど警備を厚くしなくてはいけない場所なのか……と思えてくる。周囲は冬の日射しのなかで静まり返り、不穏な気配など伝わってこないのだ。徴兵する兵士が多すぎるような気にもなる。男子全員の徴兵は、国を守る意識を培う意味はあるのかもしれない。しかし、それだけの兵士を配置する場所がなくなりつつあるのではないか……そんなことを呟きたくなってしまうのだ。

しばらく進むと青雲台という碑が建てられたピークに出た。二九三メートルと標高が書いてある。なかなか眺めがいい。景福宮、光化門《クァンファムン》広場、そして青瓦台の建物の一部が眼下に広がっている。改めてかつてのソウルを囲んでいた城壁の位置をたどってみる。昔のソウルはずいぶん小さかった。北岳山の麓《ふもと》の一画を占めているだけだ。

ここにも兵士が暇そうに立っていた。こちらに笑顔を送ってくる。防寒コートの襟を立て、黒いマスクで顔の半分を覆って寒さをしのいでいるが、目許は幼く、まるで高校生のような雰囲気だった。やはりここでも写真を撮ることができなかった。

そこから五百メートルほど歩いた。次のピークにのぼる斜面の途中に、幹に白いマーキングの跡がある松があった。これが、「1・21事態の松」といわれる松だった。一九六八年の一月、青瓦台を襲撃する目的で、北朝鮮の武装兵など三十一人が侵入した。このあたりで、韓国軍と激しい戦闘が繰り広げられた。そのとき被弾した松が残されているのだ。白いマーキングは、銃弾がめり込んだ跡だった。

韓国がいちばん寒くなる時期である。その気候を利用しようとしたのだろうか。朝鮮戦争は一九五三年に休戦協定が結ばれた。しかし一九六六年、韓国の漁船が北朝鮮の魚雷艇に襲撃され、一気に緊張が高まっていく。そのなか、北朝鮮のゲリラ兵が韓国軍を装って休戦ラインを突破し、ソウル市内に入ったのだ。目撃した住民が通報し、韓国軍が迎え撃つ形になった。北朝鮮兵の大多数は射殺され、金新朝《キムシンジョ》という少佐が逮捕された。彼はテレビに向かって「朴《パク》（正熙《チョンヒ》）大統領を殺しにやってきた」と叫んだことで知られている。

短くなりつつあった兵役の期間が三十六カ月に戻ったのは、この事件のためだった。そして二〇〇七年までこの城壁の道が立ち入り禁止になった理由でもあった。

しかし事件から四十七年もたっていた。

道の傾斜はますます急になっていった。長い斜面の道を息を切らしながらのぼっていく。気分はもう登山である。一気に視界が広がり、ひときわ高いピークに出た。碑には白岳山《ペガッサン》と書かれ、三四二メートルという標高が刻まれていた。ここが北岳山のピークだった。白岳山とは北岳山の別名だ。ソウルの街が一望できる。もちろん、ここにも兵士がひとり立っていた。

この周辺は城壁に沿って建てられた監視小屋も多くなった。そこから数人の兵士が現れ、隊列を組んで進んでいくのを二回ほど目撃した。銃がぶつかる音がカチカチと鳴っていた。兵士たちは皆、若かった。

この城壁の道を歩こうと調べたとき、臥龍公園からのルートのほうが楽だと記されていた。白岳山の頂から、これから下る斜面を目にしたとき、その意味がわかった。ここまでの道は、尾根伝いにつくられていた。斜面をのぼり、ひとつのピークを越えると、また少し下り……という道を歩いてきたのだ。そこそこきつい道だったが、少しずつ高度を稼ぐルートだった。しかし下りは違った。稜線から離れ、谷に向かって一気に下りていく感じになる。二百メートル以上の高度差になるだろうか。そこには石段がつくられていたが、たしかに、この道をのぼるのはつらそうだ

彰義門案内所の近くには1.21事態で殉職したチェ・ギュシク警務官の像があった

った。直登に近い道筋なのだ。

石段を下りはじめた。前夜、韓国人の知人とソジュを飲んでしまった。今日の城壁歩きを考え、セーブしたので二日酔いにはならなかったが、酒の疲れが残っていたのかもしれない。ここまでの道で、足に疲れが溜まってきている気がした。いや、年をとって、筋力が落ちているということなのか。

高校時代は山岳部に入っていた。信州の松本にある高校である。近くには北アルプスが、もう山のようにあるわけだから、登山の回数は多かった。山の下り方はわきまえているつもりだった。足を地面につけるとき、膝を曲げるようにする。すると足や体に伝わる力が吸収され、膝

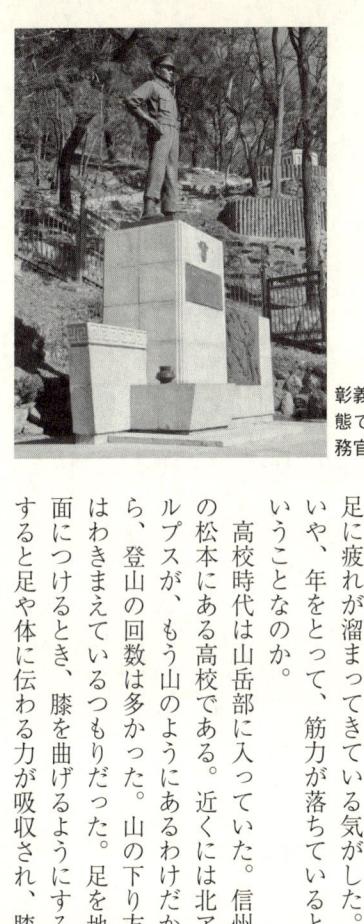

が笑うことなく下山できた。しかし、こういう下り方をするには、足の筋力が必要だった。

その力が少なくなっていた。ましてや石段である、段差はかなりあり、どうしても、どすん、どすんといった感じで下っていってしまった。ときおり、僕らとは逆ルートでのぼる人たちとすれ違った。皆、つらそうだった。荒い息の音が耳に届く。

しかし、下りは早い。四、五十分ほど下ると、彰義門《チャンウイムン》案内所に出た。ここで入城証を返却する。近くに彰義門という門があった。風水でいう四方向の門のひとつではなく、北小門《ブッソムン》と呼ばれていた。北大門《ブッテムン》を補うような存在だったのだろうか。

そこを歩きながら、足のつけ根の部分に違和感があった。下腹部に鈍い痛みもあった。

ソウルから帰国し、しばらくして、僕はカンボジアに向かった。シェムリアップのホテルでシャワーを浴びると、右足のつけ根の部分がぷっくりとふくれていた。

「なんだろうか……」

帰国し、病院を訪ねた。鼡径部《そけいぶ》ヘルニアと診断された。脱腸である。医師の説明によると、足のつけ根は筋肉のすき間のような部分で、そこにある腹膜がのびてし

ソウルタワーのある南山公園が、城壁に囲まれたソウルの南端。城壁もある

まい腸などが外に出てくるのだという。つまりは老化によって、腹膜が弱くなってきたことが遠因らしい。その状態で腹に力を入れたり、ショックが加わると、腹膜が出てくるようだった。

そう聞いた瞬間、白岳山からの石段下りを思いだした。

「あのときだ……」

風水の理論でつくられたソウルの街を眺める外壁歩きは、こんな病気を誘発させてしまった。

風邪を引いて、ソウルの薬局のファンになる

　韓国の薬局が好きだ。込み入った症状のときは、知人に同行してもらうが、風邪といった、わかりやすい病気のときは、ひとりでも入る。薬局のスタッフが英語やメモに数字を書いたりして説明してくれる。

　韓国の薬局に開眼したのは、そう、四年ほど前の冬だったと思う。そのとき、僕は釜山《プサン》から各駅停車に乗ってソウルに向かった。列車旅の取材だった。

　韓国も日本同様、各駅停車は通学する高校生のためという色合いが強い。運行するのは朝か夕方というダイヤが組まれている。早朝、マイナス一〇度を下まわる気温のなかを駅に向かい、日が暮れ、凍てつく風に晒されるホームで列車を待った。韓国の列車のなかはとろけるほどに暖かい。室内の温度計を見ると、二八度にもなっていた。

　各駅停車の列車は、セマウル号や路線によってはＫＴＸという韓国の新幹線に追い抜かれる。駅に十分、十五分と停まる。そんなときはホームに下りてみるのだが、車内との気温差は四〇度近くにもなる。それを繰り返しているうち

に、風邪を引いてしまった。

韓国の冬の気候は、日本より風邪を引きやすい気がする。大陸型の気候だから、寒いがそれほど雪は降らず、乾燥している。部屋はオンドルという床暖房だから、室内も乾燥する。喉に負担がかかる。

ソウルに着いたときは、熱まで出てしまった。薬局に入った。そのときはソウルに住む知人も一緒だった。

日本とはかなり違う薬をもらった。

まずその場で飲むアンプルがあった。漢方系の薬で、保温機のなかに入っていた。温めて飲んだほうが効き目があるという。薬局のカウンターの前で一本を飲み干す。かすかな甘みはあるが、漢方薬特有のにおいがあった。

薬局の女性が説明してくれる。

「この薬は何本飲んでもかまいません。もう水を飲むように、何回も飲んでいいんです。ただ電子レンジかなにかで、温めてから飲むように」

それから二種類の薬をもらった。日本でも飲む解熱剤と漢方の薬。その店で、アンプル剤は十本買った。値段は安かった。

薬局の女性は親切だった。体温を測り、脈や血圧も測った。狭い店だったが、

ソウルの薬局、一度行ってみてください。ほんと優しいです

ちょっとしたクリニックのようでもあった。

「韓国って、病院へ行くより、薬局の薬で治す人が日本より多い気がするな。病院は時間がかかるから。薬局がけっこう充実しているし、それに数が多い」

ソウルに住む知人はそういった。そういえば薬局は多い。地下鉄の駅の出口には、必ずといっていいほど薬局がある。

ホテルで寝たが、解熱剤の薬より、アンプル剤が効いたような気がした。寝て、目を覚ますと、アンプル剤を飲んだ。温泉マーク宿だったが、フロントのところに電子レンジがあったので、それを使った。

翌日にはだいぶ楽になったが、その治り方が、日本より心地よかった。

以来、二回ほど風邪でお世話になった。ちょっとおかしいな……と思うと、薬局へ行き、アンプル剤を五本ほど買う。それを頻繁に飲みながら、早めに寝ると、なんとなく大崩れせずにすんだ。

どの薬局も親切だった。日本はドラッグストアのチェーン店ばかりだが、それに比べると、親身で接してくれる温もりが伝わってくる。

ソウルへ行き、地下鉄を出たところに薬局をみつけると、

「どこか悪いところはないかな」

などと考えてしまう。先日は指の皮膚がちょっとむけてしまっていて、薬局で見せると、「手荒れですね」といった感じで、塗り薬を選んでくれた。普通の薬だったが、なんとなく効くような気がして、指示通り、毎日塗っていた。

第六章　安山と明洞

国際都市も繁華街も
中国に染まってしまう

韓国からタイ語の電話がかかってきたのは、かれこれ二十年ほど前のことだったろうか。

「寒くてもうタイに帰りたい。どうしたら帰れるの？」

聞こえてくる声が沈んでいた。韓国のどこにいるのかもわからなかった。本人がどこにいるのか知らなかったからだ。周りにはタイ語を理解してくれる韓国人もいないようだった。近くにいる人に携帯電話を渡して教えてもらうことができなかった。僕は韓国語を話すことができない。

ソウルにいる日本人に連絡をとった。捜してもらうのは、タイ語を理解できる韓国人だった。そんな人はなかなかみつからなかった。それから何回か電話があった。暮らしている街は、相変わらずわからなかった。

電話をかけてきたのは、かつて僕ら家族と一緒に暮らしていた女性だった。韓国から電話がかかってくる一年ほど前、タイのバンコクで暮らしていた。ふたりの娘は三歳と一歳と幼く、その世話と家事などを手伝ってもらう女性に来てもらうことにした。タイ人の知人に相談すると、彼の妹を紹介された。イーというニックネームだった。三十六歳の女性だった。彼女が、僕ら一家のお手伝いさんとして働いてくれることになった。夫は軍人あがりで、地方のラジオ局でディスクジョッキーをしていた。収入面では、頼りにならない夫だった。

僕らは一年弱、バンコクで暮らした。日本に戻ってしばらくすると、イーの夫が姿を消したという話が耳に入ってきた。それから一年ほどたった頃だろうか。イーは韓国から電話をかけてきたのだ。

それから二週間ほどがたったとき、また電話が鳴った。声が弾んでいた。その響きから察しがついた。タイ人は正直な人たちだ。タイに戻ることができたようだった。

タイに出向いたとき、イーに会った。彼女は仲間数人で、韓国の工場で働いていたようだった。労働時間が長いわりに給料が少なかったと不満を口にした。これまで体験したことがなかったような寒さもこたえたらしい。パスポートにはビザもなかった。不法就労である。おそらく斡旋《あっせん》業者に騙されたようだった。

ひとりのバングラデシュ人が、突然、電話をかけてきたのは、イーが韓国から電話をかけてきた翌年だった。話を聞くと、密入国だった。

「バングラデシュのダッカからソウルまで行ったんだ。そこにエージェントがいて、車で港まで行って船に乗った。貨物船だったよ。翌日には日本に着いて、港から友だちに連絡をとった。新幹線に乗って東京までやってきたんだ」

あまりにあたり前のように話すから、こちらが戸惑ってしまった。おそらく船に乗ったのは釜山《プサン》だろう。船は博多港の貨物ターミナルに着いたはずだった。そういう日本への密入国ルートがあることは知っていたが、実際に、その流れに乗ってやってきた外国人に会うのははじめてだった。

日本の入国管理も甘いが、韓国も甘かった。

しかし韓国の外国人への対応を日本人の目から見ると、温度差を感じてしまうのは事実だった。韓国という国は、日本よりはるかに早く、アジアの人々への入国資格をゆるめていった。ある意味、開放的なのだ。

実感したのはタイのバンコクだった。数年前のことだった。タイ人の知人が、韓国に遊びに出かけるという。

「よく韓国へ行っているでしょ。どこか面白いところはある?」

彼はそう訊いてきた。しかしそこで、僕は答に困ってしまった。いったいタイ人がソウルでなにを楽しむのか……。僕の韓国への興味は、タイとは無縁だった。明《ミョン》洞《ドン》にはなるべく行かないようにしたい、とは考えていたが、それは日本が絡んだ話だった。韓国中華にしても、日本の中華があるから興味が湧く話だった。

「チャジャンミョンという麺があるでしょ。そこには必ず、たくあんがついてくるんです。それが、昔の日本のたくあんの味がしてね」

などと話をしても、タイ人の視線は宙を舞うだけだろう。タイでも日本食は大人気で、ラーメン店も多いが、たくあんの話になると、そのはるか先の日本の料理に入り込んでしまう。

タイ人にしても隣国のカンボジアやラオスに行くと、同じようなことをいう。ラオスから帰ってきたタイ人はこんなことをいった。

「どうしてラオスのそばは、あんなに野菜が多いんだろうね。そばじゃなくて、野菜を食べているような気分だったよ。もうウサギだよ。スープも薄くなるしね」

やはりそういうものなのだ。僕の韓国は、どうしても日本というフィルターがかかってしまっていた。その点、タイ人にとって韓国は、純粋な外国に近かった。知っている料理といえば、焼肉、キムチ、ビビンバ……その程度だった。

「ところで、もう、韓国のビザはとったの？」

なにげなく訊くと、こんな言葉が返ってきた。

「もうビザなしですよ。それも九十日滞在できる。タイを認めてくれたようでうれしくて。だから行くようなものですから」

「ノービザ……」

韓国はタイ人に対してそこまで許可したのだ。

ビザというものは、二国間の相互規定である。平等にするのが原則だ。タイも韓国人に対して、ビザなし九十日滞在にしていた。当時、韓国とタイの間の経済格差は明らかだった。もちろん韓国が上である。しかし、それを気にもせず、ノービザに踏み切ったのだ。

いまでこそ、その経済効果にようやく目覚めたのか、日本もアジアの国々に対してビザなし滞在を加速させている。しかし当時の日本は、経済格差の上にあぐらをかいていた。タイは日本人に対して、ビザなしで三十日の滞在を許していた。しかし日本を訪ねるタイ人はビザが必要だった。

僕は以前、タイを中心にした「外こもり」の日本人たちのことを本にまとめたことがあった。外こもりというのは、日本の工場などに住み込みで集中的に働き、そこで貯めた資金で、アジアの街で働くことなく一年、二年と暮らす若者たちのことだ。日本ではなく、海外で引きこもることから、「外こもり」と呼ばれた。タイで外こもりをする若者のなかには、ビザなしで三十日滞在を利用している人もいた。彼らは月に一回、タイの外に出なくてはならなかった。

「日本も韓国のようにやってくれればいいのになぁ」

彼らの口から、何回もこの言葉を耳にした。ビザなしで九十日の滞在が許されれば、ずいぶん楽だったのだ。

島国と大陸の国という違いだろうか。そんなことを考えたこともあった。韓国は半島にあるが、南北に分かれる前、中国と接する国だった。陸の国境というものをもつ国と島国では、外国人への対応が根本的に違うのかもしれなかった。

外国人にビザなし滞在を許可するということは、その背後に、ある程度の不法就労を覚悟するという部分を抱えていた。不法就労の増加は、自国民の仕事を奪うことになり、国民の反発を買う。その一方で、観光客は増えるから、そのバランスのなかでの政策だった。

日本人はその話になると、すぐに自らの職がなくなっていくという発想に傾いていく。しかし韓国人は、そのあたりが鷹揚なのかもしれなかった。もともと中国人が入り込み、その一方で朝鮮人が中国で働いていくという歴史を積みあげてきた国である。

経済力で劣る国と平等のビザ協定を結ぶ。そこに韓国という国の先見性を感じてもいた。いや、日本より狭い国土の国が生きていく術《すべ》だったのか。

だから安山《アンサン》という街を見てみたかった。さまざまな国籍の人が暮らす街だと聞いていた。アジアの都市には、外国人が多く暮らす街がある。その規模と歴史では、チャイナタウンがトップだろうか。日本人駐在員やその家族が暮らす日本人町もある。ソウルでは東部二村洞《トンブイチョンドン》エリアだろうか。上海では古北、バンコクではスクムビット通りのソイ三十九からトンローにかけてが日本人町といわれる。しかし安山は、駐在員が暮らす街ではなかった。工場で働く人や留学生が多いという。海沿いの工場地帯にも近かった。いってみれば出稼ぎの街だった。

韓国では、安山市の一画を、「国境のない街」と呼ぶのだという。テレビや新聞などにもしばしば登場していた。

安山はソウルから地下鉄で一時間ほどで着く。その電車に乗りながら、安山に関するいくつかの記事を読む。外国人が多い一帯には、行政やNGO団体のオフィスがあるという。ここではさまざまな相談に乗ってくれるらしい。アパートの斡旋やビザの延長手続き、病院の紹介、通訳サービス……。そこから伝わってくるものは、不法滞在や不法就労への寛容さだった。不法就労の状態にならないように指導していくという論理はあるものの、日本のように犯罪者扱いしていく空気は伝わってこない。外国人が暮らす上で、理想的な環境にも映るのだ。

タイに暮らしたことがきっかけで、タイ人の日本での不法就労の記事を書くようになった。自分からすすんで、その取材をはじめたわけではない。タイで知り合った男たちが、続々と日本にやってきてしまったのだ。皆、観光ビザをもっていたが、目的は不法就労だった。

家族でバンコクに暮らす前、約一年ほどタイ人家庭に下宿し、タイ語を勉強していた。そのときの下宿の主人まで日本にやってきてしまったのだから、さまざまな相談を受けざるをえなかった。そこからつながりが広がっていった。いろんなことがあった。工場に出向き、社長に賃上げ要求の通訳をしたかと思えば、慣れない日本暮らしに適応できず、精神に変調をきたしてしまったタイ人青年を、病院に担ぎ込んだこともあった。

そんな話を、当時、かかわっていた週刊誌に話すと、それを記事にすることが決まっていってしまったのだ。

取材のなかで浮かびあがったものは、不法就労というものへの認識と、日本という国の純血主義だった。不法就労は法律に反していた。しかし多くの国が、決してなくならないものという暗黙の了解を踏まえて対応していた。アメリカは不法就労であっても捕まらなければ、自由に自国に帰ることができた。タイは罰金さえ払えば、いったん出国したあと、翌日でも入国することができた。しかし日本は違った。出入国管理局と警察は協力して大がかりな摘発を続けた。

タイ人にも多くの問題があった。若い女性は売買春にかかわっていることが多かった。賭博場をつくっていくタイ人もいた。彼らは日本のヤクザとの関係を深めていった。

しかし常に摘発を恐れる暮らしは、いくつかの悲劇を生んでしまう。いったい何人のタイ人の死につきあったのだろうか。深夜にひどく落ち込んだ声の電話を受け、気になって訪ねると自殺してしまっていたこともあった。体調を崩しても、高い医療費と警察への通報を気にして、まず病院に行くことはなかった。しかし症状は悪化し、最後には救急車で病院に担ぎ込まれることになる。病院からの電話で駆けつけるのだが、その夜には、病院から脱走してしまうことが多かった。妊娠した女性の堕胎につきあったことも何回かある。

そのほとんどが、見ず知らずのタイ人だった。僕の携帯電話の番号は、緊急連絡先のようにタイ人の間で広まっていた。

安山駅。2014年、セウォル号事故で多くの犠牲者を出した檀園高校もこの近く

この種のトラブルは全国で起きていた。医療にかかわるＮＧＯなどが声をあげはじめたが、不法就労という壁が立ちはだかってしまう。日本という国が冷酷な国に映ってしかたなかった。

日本の景気が後退し、タイが高度経済成長の波に乗ったことで、日本に働きにくるタイ人は少なくなっていった。いまは知らないタイ人から電話がかかってくることはほとんどない。

もし、安山が、紹介されているような街なら……。電車はソウルの街を抜け、畑とビルが混在する郊外を走っていた。

安山で電車を降りると、反対側のホームに、ソウルの市街へ向かう電車を待つ人たちが並んでいた。そこにはアラブ系の青年も混じっていた。ホームに立つ人々のなかには、何人かのアジア人もいるはずだった。

駅前は閑散としていた。ソウルの市街地なら、数階建てのデパートやショッピングセンターが目の前に現れるのだが、この駅にはそれがない。空が広いのだ。一瞬、イーがいたのはこの街ではなかったのか……そんな気さえした。韓国が工場や建設現場、いってみれば3K職種に、産業技術研修生制度という名目で外国人労働者を受け入れはじめたのは一九九一年のことだ。さまざまなトラブルが起きるなかで、いまは雇う側にもチェックが及ぶ制度に変わりつつあるが、イーが電話をかけてきたのは、韓国で3K職種の人手不足が深刻になった頃である。安山の街も、その頃から外国人が増えてきたのだろう。

駅前の地下道を抜け、商店街に入った。入口に、「多文化飲食街」という大きな案内があった。

「多文化か……」

その前を通りすぎて、それが漢字で書かれていたことに気づいた。だから僕も読むことができたのだ。十メートルほど進むと、携帯電話やテレホンカードを売る店があった。入口にはベトナム語、ミャンマー語、タイ語などが並んで書かれている。

アジアの言語はガラスに書かれ、中国語は貼り紙。それがこの街の変化？

商店街の入口に「多文化飲食街」。本当は朝鮮族飲食街？

多文化飲食街のメイン通り。以前はもう少し活気があったのだろうか

その向かいには地下のレストランの看板が出ていた。タイ料理だった。

しかし多文化はここまでだった。もっと細かく文字を探せば、東南アジアの文字もみつかったのかもしれないが、そこから先の「多文化飲食街」は、漢字とハングルの世界に入り込んでしまった。平日の昼間ということもあったかもしれない。街を歩いているのは、韓国人と中国人ばかりで、東南アジアの人々の姿はまったくなかった。

僕はアジアに出向くことが多いから、その外見や歩き方などで、その人の国籍がだいたいわかる。

しかし通りをいくら歩いても、東南アジア系の人がまったくみつからなか

外国人支援オフィス。安山の理想を担う場のはずだったのだが……

った。ひょっとしたら……と近づいて、話す言葉を聞いてみた。全員が中国語だった。多文化飲食街を埋めていたのは、ほとんどが中国人だったのだ。

「多文化飲食街」の中央あたりに、ここに暮らす外国人を支援するオフィスがあった。室内の様子を見たかった。しかし扉には鍵がかけられていた。

なにかが違っていた。日本で働くタイ人で苦労してきた身としたら、伝え聞く安山の話に、ある種の期待を抱いていた。しかし目にするのは中国語とハングルの看板ばかりだった。いや、漢字のほうが圧倒的に多い。そして道ゆく人は中国人ばかりだった。

「結局はそういうことか」

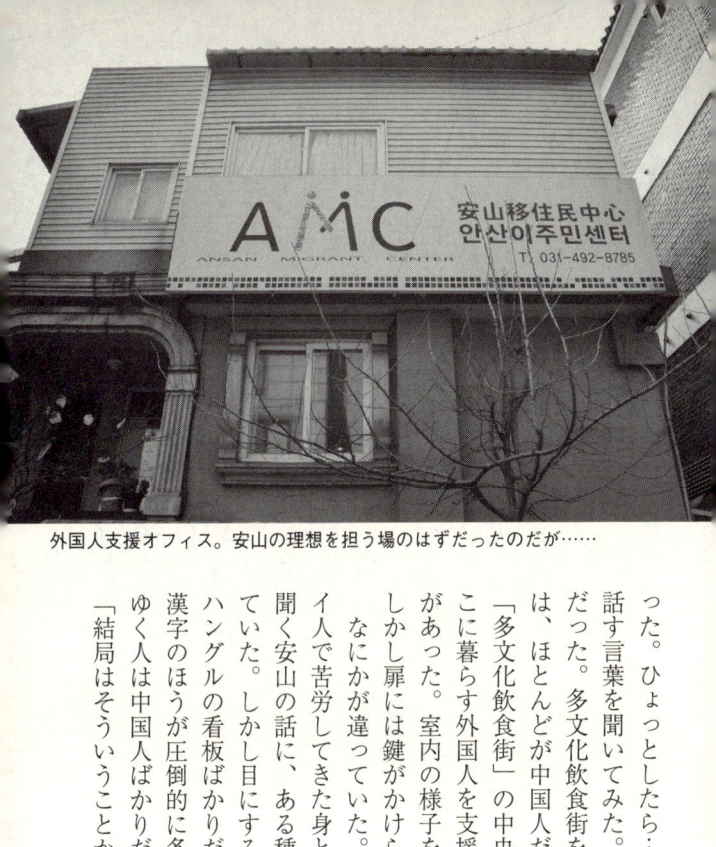

鼻白むような思いがあった。報道される内容は、市やNGOが描く理想にすぎなかったのだろうか。いや、そんな部分もたしかにあるのだろう。休日になれば、東南アジアの人たちも、この多文化飲食街に姿を見せるのかもしれない。安山駅のホームには、アラブ系の青年もいた。しかしその数を圧倒するかのように、中国の色に染まってしまっていた。

後に安山市が発表した資料を見てみると、安山市で外国人登録をした人の八割は、朝鮮族か中国人だった。朝鮮族は、中国東北地方からやってきた人たちだから、国籍は中国だった。安山市の外国人とは、中国人のようだった。

朝鮮族の話はやや複雑だ。朝鮮半島から中国領に移り住んだ人々が朝鮮族といわれるが、その動きは、南北に分断される前から続いているからだ。中国への移住が盛んになったのは、清《しん》の時代に入ってからだ。清をつくった満州人の多くが漢民族エリアに移り、清は漢民族が満州に移り住むことを禁止した。その結果、中国東北地方の人口が減り、それを補うように半島からの移住が盛んになった。その後、日本が半島を植民地化すると、移住する人はさらに増えた。その数は三百万人ともいわれている。

時代は下り、中国東北地方につくられた満州国が消滅するなかで、多くが帰国す

多文化飲食街に面した公園にはこんな看板も。意識してますね

国際色豊かなテレホンカード。多文化飲食街らしいディスプレイ

る。しかし百万人以上の人々が中国に残った。彼らが朝鮮族と呼ばれるようになっていく。

朝鮮族という表現は韓国のものではない。中国の国籍をもちながら、戸籍の民族欄に「朝鮮」と記されている人々だ。中国のなかの少数民族という発想から、朝鮮族といわれている。

彼らは中国より先に経済成長の軌跡を刻みはじめた韓国に、出稼ぎという形で働きにくるようになった。清の時代からはじまった移民に、逆向きのベクトルが働きはじめたのだ。

しかし彼らは、韓国社会からある種の差別を受けていく。

彼らが就くことができた仕事は、工事現場やタクシーの運転手など、一時、日本でもよくいわれていた3K職場だったのだ。いま、韓国で働く朝鮮族は、五、六十万人といわれている。

朝鮮族は中国人だが、韓国語を話すことができた。彼らは安山の街にひとつの活路を見いだしていく。やってくる中国人や朝鮮族をケアしながら収入を得る場をつくっていったのだ。

多文化飲食街には、韓国に滞在する手続きを代行するオフィスが何軒もあった。

「出入境管理所登录代辩處」という看板を掲げる店だ。入口のガラス戸には、結婚やビザ、送金といった意味の中国語が書かれていた。支援オフィスが手伝うはずの手続きを代行する業者が店を構えるようになっていた。おそらく、そのオフィスのなかにいるのは朝鮮族だった。

一時は東南アジアからの労働者も多かったのかもしれない。そこには韓国政府や産業界の思惑もあった気がする。東南アジアに進出する韓国系企業にしたら、安山で韓国式の労働スタイルを身につけてくれることは意味があった。だから研修生だったのだろう。しかしその制度がスタートし、五年、十年とたっていくうちに、結局は中国系の人々が凌駕してしまうという構図に落ち着いてしまった。そう断言するのは少し乱暴かもしれないが、多文化飲食街を歩いていると、そんな気になってしまうのである。

一軒の食堂に入ってみた。『延吉冷面』という看板を掲げた店だった。延吉は、中国の吉林省のなかにある延辺朝鮮族自治州の州都だった。この自治州は北朝鮮と接している。冷麺は名物料理でもあった。

韓国冷麺に比べると麺のこしがあり、スープの酸味も強い延吉冷麺を啜《すす》りながら、店の隅のテーブルでテレビを観ているおばさんを眺める。おそらく朝鮮族なのだろう。

朝鮮族は韓国人と同じ民族だが、簡単に韓国にやってこれたわけではなかった。戦後、韓国と中国の間には国交が樹立されない期間が続いた。同じ民族であっても、行き来はできなかったのだ。しかし親戚訪問が許されるようになり、土産物として中国からもってきた漢方薬が、中国の五、六倍の値で売れたことがひとつのきっかけになったという。やがて親戚訪問は、漢方薬の運び屋ビジネスに発展していく。一九九二年に中国との国交が樹立されると、韓国の高い給料を求めて、朝鮮族の不法出稼ぎが盛んになった。親戚訪問でやってきて、そのまま帰国せずに働き続けるパターンだった。

これに対して韓国は、産業技術研修生制度をつくっていった。しかし実態は、研修ではなく3K職場での労働だった。それを嫌って職場から逃げ、不法就労になるケースも多かったという。その後、朝鮮族への対応は少しずつよくなっていく。そして二〇〇七年には、韓国内の自由な就業が認められるようになるのだ。

おばさんはいつ、韓国にやってきたのだろうか。その立場が保証されるようになってきたとはいえ、在日韓国・朝鮮人同様、差別の構図が消えたわけではない。

しかし朝鮮族は、安山というフィールドを手に入れた気がする。ここで彼らは仕

延吉冷麺。麺が黒かった。つきだしはなぜかピーナツ。7000ウォン

冷麺屋の看板は漢字だらけ。客は朝鮮族だから、これで十分なのだろう

事をつくっていったわけだ。
僕は日本で働いていたタイ人とつきあってきたから、どうしてもその視線で外国人労働者を見てしまっていた。しかし韓国には、朝鮮族という、もうひとつの文脈があった。彼らは、韓国と中国を結びつけるビジネスを生みだしたようだった。

韓国のなかの中国……それは明洞という街のいまなのかもしれない。第一章でお話ししたように、僕は明洞を避けていた。あまりに多い日本人に辟易としてしまったというあたりが本音でもある。少なくとも食事で明洞の店に入ることはやめていた。

しかし明洞を通らなくてはいけないこともある。それは地下鉄の乗り換えだった。明洞の中心街は、南側の地下鉄四号線の明洞駅と地下鉄二号線の乙支《ウルチ》路《ロ》入口《イック》駅の間に広がっていた。地下鉄二号線は、ソウルのなかを一周する。東京でいったら山手線にあたる路線だった。地下鉄四号線は比較的新しい路線で、ソウルの街を南北に走っていた。この四号線がソウル駅を通っていた。

僕はソウル駅近くの温泉マーク宿に泊まることが多かった。しかし訪ねる場所は、地下鉄の二号線の沿線に多かった。二号線はソウルを一周する路線だから、使い勝

路上に店が出ているが、そこにあるのは中国の食べ物ばかりだった

キャベツと少量の肉炒めが具。貧しかった頃の中国の味がした

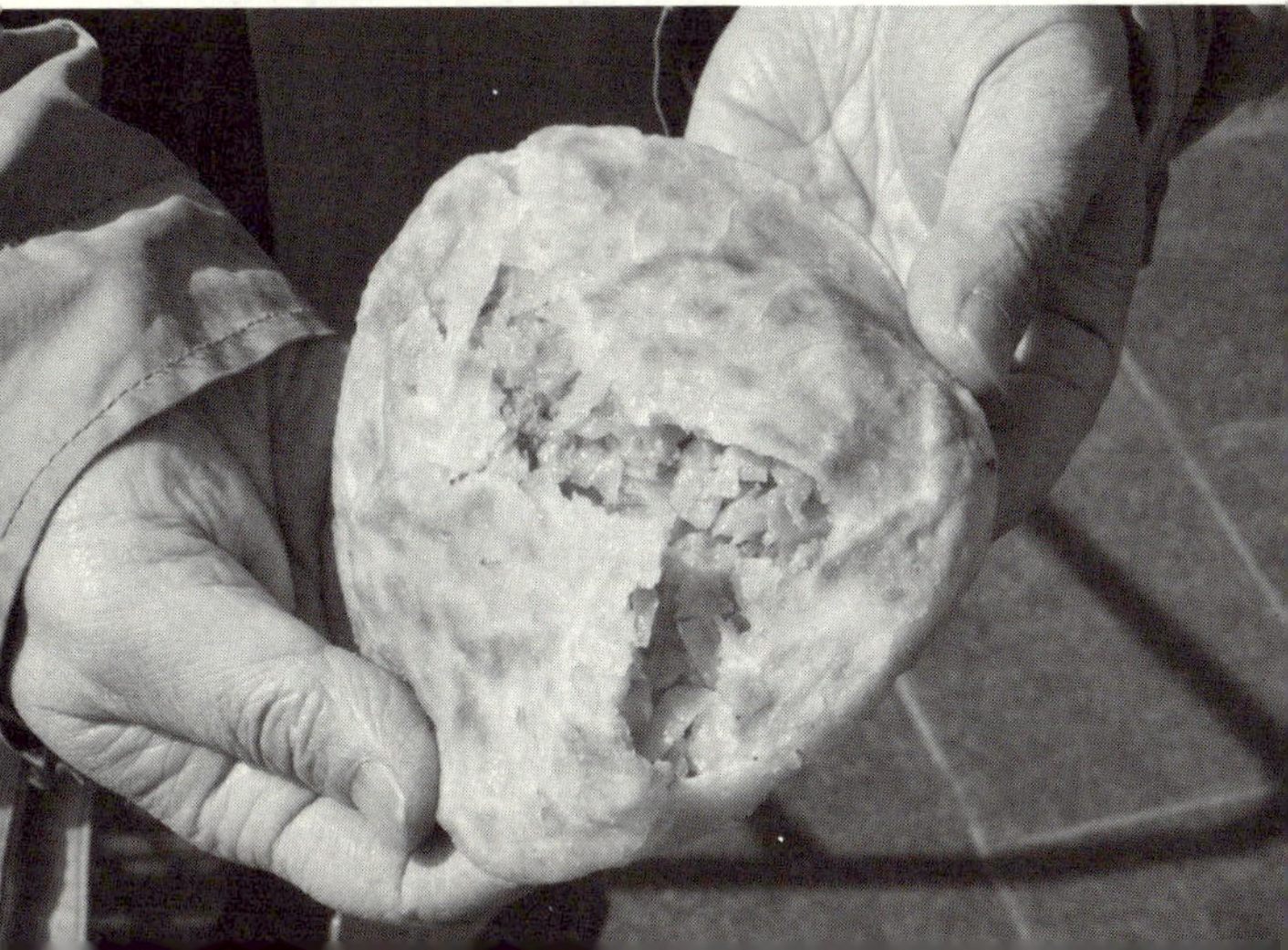

手もよかったのだ。

人に会い、宿に戻ろうとすると、二号線の乙支路入口駅で降り、そこから少し歩いて四号線の明洞駅からソウル駅に向かうことが多かった。その間に明洞を南北に縦断することになる。明洞のメイン通りは歩くのも大変なほど混みあうから、できるだけ裏道を進もうとする。

二〇一四年の三月だったろうか、まだ賑わう夜の十時頃、明洞駅に向かって歩いていると、前にキャスター付きのバッグをごろごろと引いた女性が七、八人、道いっぱいに広がって歩いていた。その後ろ姿を見ながら、

「日本人はこんなに大胆に横に並んで歩くんだろうか」

と思った。急いでいたので、女性の列の脇を抜けたが、そのとき、彼女らの話し声が聞こえた。中国語だった。

日本にやってくる中国人観光客が、そのマナーの悪さと一緒に話題になっていた。

「韓国でもそうなのか……」

考えてみればあたり前だった。日本より韓国のほうが中国に近い。北京から飛行機に乗れば二時間ほどでソウルに着いてしまう。

それ以来、明洞の中国が気になるようになった。そして愕然とした。明洞が日本

人であふれているというのは、もはや昔語りだったのだ。道を埋める人は中国人のほうが多い気がした。店の看板はさらに露骨だった。簡体字といわれる大陸で使われている中国語が日本語を凌駕していたのだ。店頭に出された店のメニューは中国語で、それをめくると日本語メニューが出てくる店もあるのだという。両替店に掲げられたレート表は、中国人民元↓アメリカドル↓日本円という順番に直しているところもあった。ずらりと並ぶコスメショップの前には、韓国のアイドルを使った等身大の立て看板が並んでいる。そこには吹きだしのようなせりふも印刷されているのだが、以前、それは日本語だった気がする。いまはみごとなほどに中国語に変わっていた。

メイン通りには、キャスター付きのバッグを引く女性が目立った。彼女らは買う量が多いから、普通のバッグでは用が足りないようだった。

二〇一二年、韓国を訪ねた日本人は約三百五十二万人というピークを迎えた。その年の暮れ、安倍政権が成立し、円安と政治的な対立のなかで、日本人観光客の減少がはじまる。それを補ったのが、韓国を訪ねる中国人観光客だった。

二〇一二年、約二百八十三万人だった中国人観光客は、二〇一三年には四百三十三万人に達し、あっさりと日本人観光客の数を上まわった。そして、二〇一四年には六百十二万人を超えた。二〇一五年は、七百九十四万人ほどになるのではないか……と韓国観光公社は予測している。

その多くが明洞に集まってくる。日本人同様、韓国語ができるわけではないから、どうしても明洞に集中してしまうのだ。その変化に俊敏に反応していったのが、明洞という街だった。日本語メニューより目立つように中国語のメニューを掲げ、中国語がわかる店員を雇い、レストランは中国人の味に合う料理を加えていった。いつの間にか日本の色合いは薄れていく。

中国人観光客の数を日本と比べてみる。日本を訪れた中国人は、二〇一二年が約百四十三万人、二〇一三年が百三十一万人、二〇一四年が二百四十一万人である。日本は韓国より広く、東京だけでなく、京都や大阪、北海道に観光客は分散する。それでも中国人観光客が多い、と日本人は口にする。しかしその三倍近い中国人が韓国を訪れ、その多くがソウルの明洞に集まってくることを想像してみてほしい。気が遠くなるような密度なのである。

それは当然の結果と見る向きもある。

韓国は最も早くから、中国人観光客を受け入れた国だった。

中国政府が自国民に対し、団体旅行に限って海外旅行を解禁したのは、一九九七

やがてこの日本語も消えていく運命かもしれない

年だった。しかしすべての国に出かけることができたわけではなかった。中国政府が海外旅行認定国に指定しなくてはならなかった。当然、認定国との合意が必要になる。海外旅行認定国第一号が韓国だった。一九九八年のことだ。韓国と中国の間で国交が樹立してから六年後のことだった。

その後の海外旅行認定国は、一九九九年に、オーストラリアとニュージーランド、二〇〇〇年に日本と続く。二〇〇二年以降は、世界の多くの国が認定国になっていく。

中国人の韓国旅行が許されるようになったときの条件はいくつかあった。九人以上の団体旅行に限定し、北京、上海、広東など九省の人々に限定された。

中国には移籍がなかなか難しい戸籍制度がある。そのあたりはかなりややこしい話である。大雑把にいうと、国民を農民戸籍と都市戸籍で分けた政策である。中国の急激な経済発展のなか、富裕層が次々に生まれてきたが、その多くは沿海部の都市戸籍をもった中国人だった。韓国への旅行を許されたのは、そんな人々だった。

韓国はその後、中国人観光客への条件を緩和させていく。二〇〇〇年には、韓国旅行の対象者を中国全域に広げ、二〇〇二年には、済州島《チェジュ》にかぎり、団体客のビザを廃止していく。世界のなかで、常に先頭に立って、中国人観光客を受け入れてき

明洞のメインストリートは中国人で埋まる。彼らの買い方は迫力満点だ

たのだ。

それは巧みな誘導なのか、経済状況の結果なのかは難しいところだが、韓国は中国と日本の観光客をうまくとり込み、観光収入を増やしてきた。そしていまは、日本よりも中国なのである。

しかしソウルの人たちのなかで、中国人観光客への反応はよくない。それは世界に共通したものでもあるのだが、韓国のそれは露骨である。

地下鉄の明洞駅の改札近くでは、中国人の人だかりをよく目にする。彼らはそこで、買った商品をとり出し、パッケージをとって整理しているのだ。駅のホームのごみ箱の近くには、捨てられた袋やパッケージが散乱している。

空港でも同じような光景をよく目にする。免税店の引き渡しコーナーの前で、十数人の中国人が床に座り込み、パッケージを開け、詰め替えているのだ。中国の到着空港でのチェックの問題もあるのかもしれないが、機内に持ち込める量を超えているのだ。周囲には空になった免税品の袋が山のように積まれている。日本でも知られる爆買いなのだが、その光景に眉をひそめる韓国人は少なくない。

それを決定づけたのが、明洞に完成した新しい中国大使館だろうか。もともと明洞にあったのだが、昔はそれほど目立つ存在ではなかった。しかし建て替えられた

地下鉄の改札口で悩む中国人。ひとりでこれだけ買ってしまったらしい

建物は、地上二十四階建てで、高さが九十メートルもある。威圧感たっぷりに明洞を見下ろしているのだ。入口は赤い鉄製の門で、高さは五メートル以上ある。周囲は数メートルのコンクリート壁で囲まれている。この建物が二〇一四年の十一月、お目見えしたのだ。

ソウルっ子は、この建物を「鉄甕《チョロン》城《ソン》」という。もともとはいまの北朝鮮にある城の別名だったようで、城門をいくつも重ねて鉄壁に守られた城のことから、堅固に守られていることをこういうのだ。そこには、あまりに威圧感のある建物を明洞というショッピングゾーンにつくってしまった中国への皮肉が込められている。

明洞に集まる中国人観光客は、
この中国大使館を眺めながら
爆買いする

いまの明洞を見ると、そう揶揄《やゆ》したい気持ちがわからないでもない。もっとも二〇一二年までは、我がもの顔で歩いていた日本人たちにも、同じ感情を抱いていたのかもしれないが。

そんな話をソウルの知人に向けると、

「日本人はここまでやらなかったよ」

という言葉が返ってくることが多いが、それは韓国人の本心なのか、少し迷うことがある。日本語を勉強した韓国人の知人はこうもいった。

「日本と中国という癖のある国が隣にありますからねえ」

その言葉には、妙な説得力があった。

八学区とチョッパン村の間に横たわる格差

ソウルの江南《カンナム》。地下鉄のハンティ駅で降りた。地上に出ると、ロッテデパートがあったが、ほかのソウルの駅周辺と大きな違いがあるわけではない。地図を頼りに、坂道をのぼる。すると、左手に学校が見えてきた。檀国《タングク》大学校師範大学付属高等学校。このあたりでは人気が高い高校のひとつだという。周囲のコンドミニアムを見あげる。なんの変哲もない建物なのだが、これが日本円で一億円以上するのだという。

「八学区だからね」

教えてくれた韓国人は、溜め息交じりにその場所を教えてくれたものだった。

韓国の学歴社会はよく知られている。激しい受験戦争は話題にもなる。しかし韓国の人たちは、その状況を認めているわけではない。

そこで導入されたものが、一九七四年からはじまった高校の平準化政策だった。入学試験のない抽選選抜。そこには私立高校も含まれるという徹底ぶりだった。

しかしこの政策が、八学区問題を生んでしまう。ソウルはいくつかの学区に分かれ、その学区内での抽選選抜制が敷かれた。その結果、学区格差が生まれてしまった。八学区の高校からの大学合格率がよく、この学区の人気が一気に高まるのだ。そして不動産の高騰を生んでしまう。

浮き出てきてしまったのは、韓国の格差社会だった。八学区に住むことができるのは、韓国の富裕層に限られていったのだ。

「いい大学に入れるっていう問題ではないんです。八学区の人にとって、大学は箔づけみたいなものなんですよ。たとえば社会に出て、会社を立ちあげるとするでしょ。八学区の高校を出た人同士で助け合う。彼らは富裕層だから、成功していく確率が高いんです。結局、金持ちばかりが成功する。普通の人間には、なかなかチャンスがないんです」

ナッツリターン騒動を起こした大韓航空の副社長だった趙顕娥《チョヒョナ》へのバッシングにも同質なものがあるという。父親は大韓航空を傘下にもつ韓進《ハンジン》グループの会長である。富裕層に抱く韓国の人々の鬱憤《うっぷん》が底には流れているという。

ハンティ駅周辺を歩きながら、道行く人を眺めてみる。服装が違うわけではない。

「ほかの街より、たしかに外車が多い」

レンズをのぞいていた阿部カメラマンはいう。ここの高校に通う子供たちは、幼い頃から英語を習う。アメリカの大学に留学する子も多いという。韓国では、ソウル大学や高麗《コリョ》大学に合格するより、アメリカの一流大学に留学するほうが格が上だという。

「八学区育ちは、八学区出身の人と結婚しないとうまくいかないといわれています。子供の頃から、もう生活が違うんです」

もうひとつ、行ってみたい街があった。永登浦《ヨンドゥンポ》である。以前、一冊の本を読んだ。鄭銀淑《チョンウンスク》さんが書いた『韓国・下町人情紀行』（朝日新書）である。そこに永登浦が紹介されていた。永登浦に行くというと、ソウルっ子は顔をしかめる。

「たぶん、私は一生、行かないと思う」

という人もいた。

地下鉄に乗り、永登浦で降りた。風景がほかの街と違っているようにも思えなかった。数階建てのデパートも見える。

ところが駅前の道を渡り、歩道を歩くと、男たちの列があった。それは、高

ハンティのマンション群。ただ見あげるしかない

チョッパン村には別の列も。その先にはテント式の食堂があった

架下にくねくねと曲がる細い道に続いていた。最後尾はどこだろうか。列を逆に進んでみる。五、六百メートルは歩いて、ようやく列は途切れた。

周囲には板で囲っただけのような長屋が続いていた。これがチョッパン村といわれるところのようだった。チョッパンとは小さな房、つまりスラムである。列に気をとられてしまったが、並ぶ目的がわからなかった。今度は列に沿って進んでいく。先頭は一軒の店だった。看板を見あげると、キリスト教の慈善団体の事務所だった。なかをのぞくと、プレートに載ったご飯やおかずに、男たちはスプーンや箸を動かしていた。日は出ていたが、気温は氷点下に近いほど冷えていた。プレートからは湯気がのぼっている。ここで無料の食事が提供されていたのだ。

食べ終えた男たちは、出口でビスケットも受けとっていた。

食堂は小さく、一度に座れるのは十人ほどだった。最後尾の男が、この温かい食事にありつくのは何時間後だろうか。

しかし男たちの身なりはまともだった。ソウル駅に多い浮浪者とは違う。ホームレス一歩手前を、この食堂が支えているのだろうか。

日本と違い、韓国はアルバイト代が安い。時給五千ウォン程度だという。約五百円である。学生がこづかいを稼ぐ程度で、暮らすことは難しい。韓国ではフリーターという生き方ができないのだという。会社で働いてなんぼ、という空気が強い。そこからスピンアウトすると、一気に転落していく。その現実をチョッパン村にできた長い列が教えてくれる。

この街から八学区のハンティ駅までは地下鉄で二十分もかからない。

第七章　温泉マーク宿

日本が残した温泉マークに
僕はお世話になっています

韓国を訪ねた回数は、数えきれないほど、といったほうがいいかもしれないが、宿を予約したことは一回もない。日本から何人かで行くときは、宿を決めたことはあったが、ひとりかカメラマンが同行する韓国の旅では、宿は韓国で探している。

僕はタイや中国に行く途中にソウルに寄ることがしばしばある。航空券上は、ソウルをトランジット扱いにしてもらう。こうすると、東京とバンコク間の運賃に加算されずにソウルに滞在することができる。ただし、そのときの条件は、ソウル滞在が二十四時間以内と決められている。このルールは国によって違う。日本は日をまたいだ滞在はトランジット扱いにならない。

ソウルにトランジットで滞在するとき、預けた荷物は最終目的地で受けとることにしてもらう。こうすれば、重い荷物を持たずにソウルの街に出ることができる。

たとえば夕方、ソウルに着く。そのまま街に向かい、知人と夕食を食べようと食堂に入る。この時点でも、宿を決めていないことが多い。夕食を終え、さて帰るか……というときにホテルを探しはじめる。僕はハングルは読めないが、心強い看板

これが韓国の温泉マーク。そういえば、日本ではあまり見かけなくなった

がある。温泉マークである。そこに入り、宿代を訊くと、だいたい三万ウォンから四万ウォンといった言葉が返ってくる。日本円にすると、三、四千円。そこに泊まり、翌朝、空港に向かうことになる。

ソウルの街では温泉マークは、すぐにみつかる。食堂が多い繁華街なら、ものの二、三分といったところである。簡単なのだ。

だから泊まる街はさまざまだ。東大門《トンデムン》、新村《シンチョン》、鍾路《チョンノ》……。泊まる街は夕食を食べた街である。

なぜこんなに簡単にみつかるかといえば、温泉マーク宿の受け入れる客層が広いからだ。

温泉マークは日本の植民地時代に韓国に伝わった。日本の温泉マークには連れ込み宿という意味もある。それも一緒に伝わったと思うのだが、そこから先は、韓国流の拡大解釈が必要になってくる。この温泉マークの宿は、ときに連れ込み宿になり、あるときはビジネスホテルになり、そして安宿になり……とほとんどすべてに対応してしまうのだ。日本はビジネスホテル、ラブホテル、ゲストハウス、ホテルといった性格分けがはっきりし、その外観からもわかるのだが、韓国はその境界が曖昧なのだ。日本には曖昧宿というい方がある。これは飲食店を装った売春宿の

この外観から連れ込み系か安宿系かを見抜く。経験が必要です

ことなのだが、韓国のそれは、本来の意味で曖昧なのである。

韓国の宿は、この温泉マークの有無で、ある程度は分けられる気がする。たとえばヒルトンホテルやロッテホテルといった高級ホテルの入口に温泉マークはない。しかしこんなこともあった。そのときは、日本から四人ほどで出かけた。韓国の出版社との打ちあわせだった。泊まったのは南大門《ナムデムン》に近いシティホテル風の宿だった。入口には温泉マークのないホテルである。一泊一万円ほどだった。フロントは一階にあった。そこからエレベーターに乗り込むと、地下から乗り込んできたカップルがいた。地下に駐車場があるのかもしれなかった。このホテルは斜面に建っていた。そのふたりから漂う雰囲気から伝わってくるものがあった。翌日の夜に地下の駐車場から一階のフロントに行こうと、エレベーターに近づくと、その脇に守衛室のような部屋があり、小窓の上にホテルの部屋代が掲げられていた。ここでチェックインすることもできたのだ。昨夜のカップルを思い出した。このホテルは連れ込み宿でもあったのだ。韓国の人たちは、この種の曖昧さを、それほど気にかけないようだった。

韓国で簡単に宿がみつかる理由がわかってもらえただろうか。日本でいったら、ラブホテルにひとりでも堂々と泊まることができる。選択肢がぐっと広くなるわけ

温泉マーク宿はだいたい隣接している。そういうもんなんでしょうな

だ。

僕はもっぱら温泉マーク宿派だが、その宿もラブホテルに近い宿とただの安宿が混在している。いままでもう数え切れないほどの温泉マーク宿に泊まってきたが、外観だけではなかなかわかりにくい。ここは安宿風……と踏んで部屋に入ると、妙に赤みを帯びた照明がともり、テーブルの上には、コンドームや性器に塗る薬のチューブが入ったセットが置かれていたこともあった。そんな部屋でパソコンに向かうというのも妙な気分だった。

部屋にあがるエレベーターの壁に鍵入れがとりつけてある宿もあった。この種の宿は、代金が前払いである。チエックアウトのために、フロントに出向く必要もない。できるだけ宿のスタッフと顔を合わせることがないように工夫されているのだ。

何軒か泊まっているうちに、なんとなく勘が働くようになってきた。一階や地下に駐車場がある宿はラブホテル色が強くなった。外観は電飾系のネオンがあるところも避けるようになった。逆にビルのワンフロアだったり、軋《きし》む階段をのぼったところに受付のあるような宿は安宿系である。

自慢するわけではないが、僕の勘はよく当たった。韓国の人は、言葉が通じなくても、僕が考えていることをわかってくれることが多い。韓国と日本の間には、さまざまな問題が横たわっているが、いろんな部分を削ぎ落としていくと、同じ感性にたどりつくことがよくある。温泉マーク宿も同じだった。

かつて仁川《インチョン》国際空港からソウル市内に向かうにはバスを使っていた。それがいちばん安い方法だった。しかし二〇一〇年にAREXという電車が空港とソウル駅を結ぶようになった。それ以来、この電車を使うようになった。市街地へ行けば、温泉マーク宿がすぐにみつかることはわかっていたが、できればソウル駅前で温泉マーク宿を確保したかった。

韓国の地方都市では、駅前に立って見渡すと、必ず二、三軒の温泉マークをみつけることができた。温泉マーク宿は、連れ込み宿と安宿の世界を受け入れていたが、列車に乗るために使う駅前宿という使い方もあったのだ。

しかしソウル駅前は、そういうわけにはいかなかった。ソウル駅は韓国の首都の表玄関である。日本でいったら東京駅である。いまの駅舎の脇には、かつてのソウル駅が残されているが、その外観は東京駅によく似ている。東京駅を設計した辰野金吾の弟子だった塚本靖の設計だと資料には残っている。日本の植民地時代の話だが、似ているのも当然だった。

この駅舎を使っていたのは、ソウルオリンピックまでだった。線路をまたぐ形で新しい駅ができ、KTXという韓国新幹線開業に合わせて、ガラス張りの立派な駅舎に変わった。駅周辺にも再開発の波が打ち寄せる。高層ビルが次々に建っていった。土地代もぐんぐんあがっていっただろう。

そんななかでは、かつて駅前にあったはずの温泉マーク宿が生き延びていくのは難しかった。一泊三万ウォン、四万ウォンといった安宿のオーナーに、「ここにホテルを建てたら、一泊二十万ウォン、いや三十万ウォンでも客が来ますよ」と開発業者がすり寄っていく世界になっていった。

だめもと……で探してみた。駅の西側を狙った。南大門のある東側は、駅前がバスやタクシーが停まるターミナルになり、その向かいにはヒルトンホテルやオフィスビルがどんと建っていた。温泉マーク宿のある世界には映らなかった。しかし駅の西側は少し寂れていた。建て込んではいたが、威圧感のあるビルがなく、レンガづくりの教会の尖頭も見渡せた。駅に沿った幅の広い道路を渡り、そこに接する路地を一本、一本のぞいてみる。温泉マーク宿は日陰の身である。大通りに建物を構えることは少ない。連れ込み宿としても使われるのだから、路地裏にひっそりと佇んでいるはずだった。

何本目の路地だったろうか、温泉マークをみつけた。路地の入口にはチキン屋と中華料理店があった。厨房が路地に面しているのか、温泉マーク宿の前に立つと、いいにおいが漂ってきた。店の入口のようなガラス製のドアがあった。それを開けて入ると、チャイムが鳴った。正面に小窓があった。そこからのぞくと、おじさんが布団の上で横になっていた。左側の戸が開き、おばさんが姿を見せた。一応、英語で訊いてみたが通じなかった。しかし、この種の宿で口にすることは決まっている。そのあたりは宿のおばさんもわかる。まず指を一本立てた。一泊か、ひとりか……という意味だろうか。まあ、どちらでもいい。一泊でひとりだから頷《うなず》くと、指を二本立て、続いて片手を開いた。二万五千ウォンということだった。

旧ソウル駅をバックにくつろぐホームレス。周辺にもホームレスは多い

旧ソウル駅は夜になるとライトアップ。東京駅に似てるでしょ？

地方都市へ行くと、二万ウォン前後が多かった。しかしここはソウル駅のまん前である。二万五千ウォンというのは妥当だった。当時はいまほどの円安ではなかったから、二千円弱といったところだった。その後、宿代は年を追ってあがり、最後には四万ウォンになったのだが。

おばさんと頼りないやりとりをしていると、奥から、

「日本人ですか」

という男の声が聞こえた。ドアがさらに開けられた。そこに布団に寝ていたおじさんの笑顔があった。五十代といった年齢に見えたが、杖をついていた。足が悪いのかもしれなかった。

「昔、日本で働いていました」

「そうですか……」

おばさんが部屋に案内してくれた。二階と三階に部屋があった。二階への急な階段をのぼると、そこに冷蔵庫があった。おばさんがその扉を開けると、なかに水の入ったペットボトルが並んでいた。おばさんはそこから二本をとりだして渡してくれた。部屋は二階だった。ドアを鍵で開け、それを手渡しながら、鍵の閉め方を教えてくれた。靴は昼、廊下に置いておいてもいいが、寝るときはなかに入れるよう

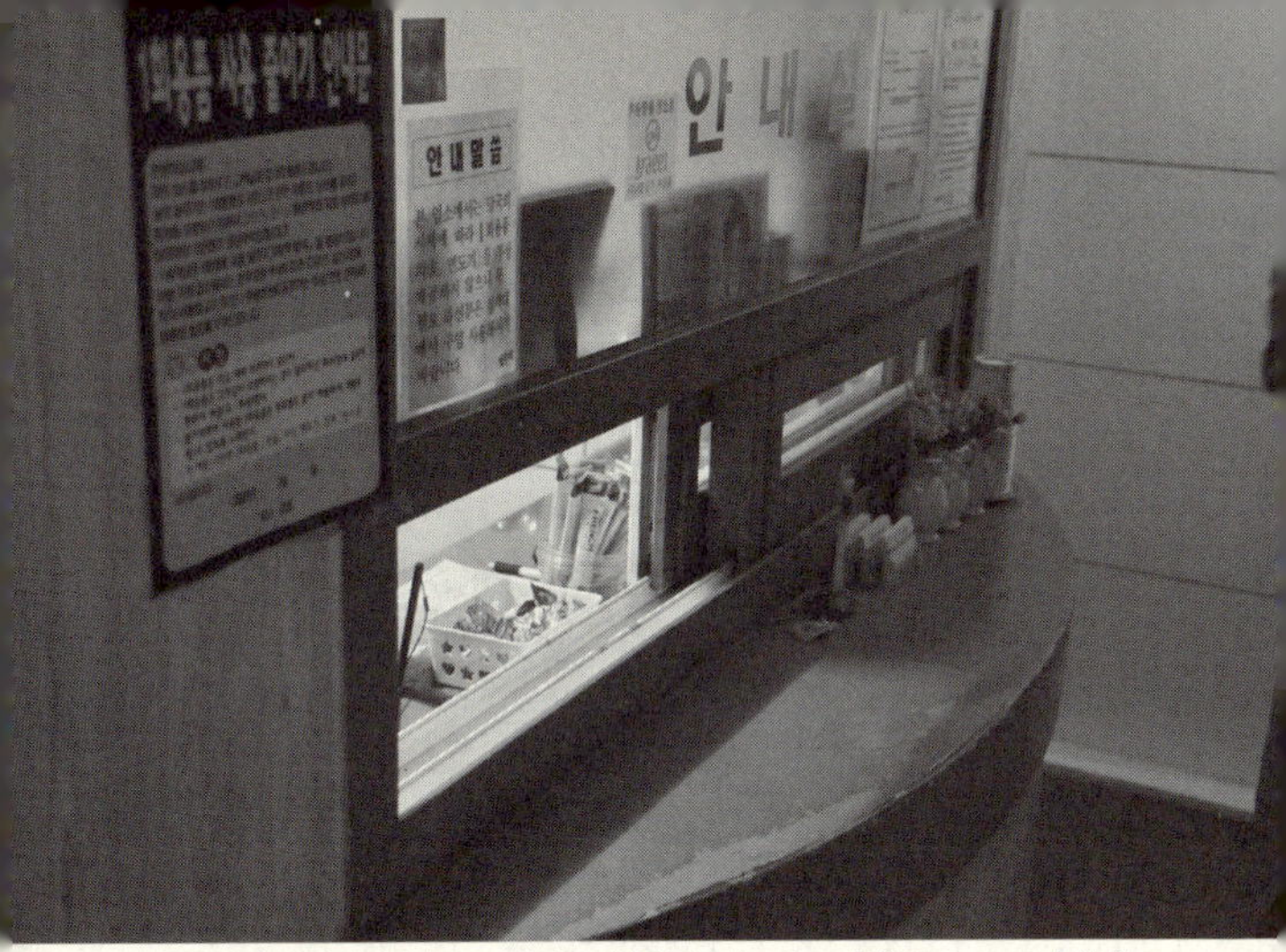

この小さな窓の奥に温泉マーク宿の管理人がいる。宿代もここで支払う

に身ぶり手ぶりで伝えてくれた。そして二枚のタオルと歯ブラシを渡された。言葉は通じないが、おばさんのいっていることはなぜかよくわかった。

部屋は狭かった。香港の重慶《チョンキン》マンションほどではないが、ベッドが置かれた部屋には、わずかな床のスペースしか残っていなかった。オンドルと呼ばれる床暖房のほかに、電気敷布がベッドには敷かれていた。

部屋はシングルしかないようだった。ソウル駅前という土地柄に合わせ、部屋をすべてシングルサイズに改装したのかもしれなかった。

温泉マーク宿の曖昧さは、連れ込み宿と普通の宿のどちらにもなることだったが、それは部屋に泊まることができる人数からもわかった。ひとりでもふたりでも、部屋代は変わらないところが多かった。ひと部屋いくらという計算だった。部屋はベッドの部屋とベッドがない部屋があった。気心の知れたカメラマンと一緒に泊まるときは、あえてベッドのない部屋を選んだ。そこに布団をふた組敷いてもらう。こうすると、ひとりあたりの宿代は半分になった。ベッドタイプしかない温泉マーク宿でも、床のスペースが広いと、そこに布団を敷いてもらい、ベッドと床に寝ることもできた。連れ込み宿として使うときは、あたり前の話だが、ふたりで部屋に入る。しかし普通の宿として使うときはひとりの客の場合が多い。どちらも同じ宿代だから、僕らのように男ふたりで使うこともできたのだ。

しかしソウルの駅前温泉マーク宿は、連れ込み宿として使う人はまずいないようだった。床は狭く、そこに布団を敷くことは難しい。そんな宿だった。

温泉マーク宿の曖昧さはまだあった。泊まるとき、パスポートの提示を一切、求められないことだった。宿代を渡すだけで、チェックインは終わってしまう。

宿に泊まるとき、パスポートを見せなければいけない国は多い。警察から指示が出ているのだ。パスポートの顔写真ページや入国スタンプが捺《お》されたページのコピーをとり、それを警察に提出するようにいわれている。こうして警察は外国人を管

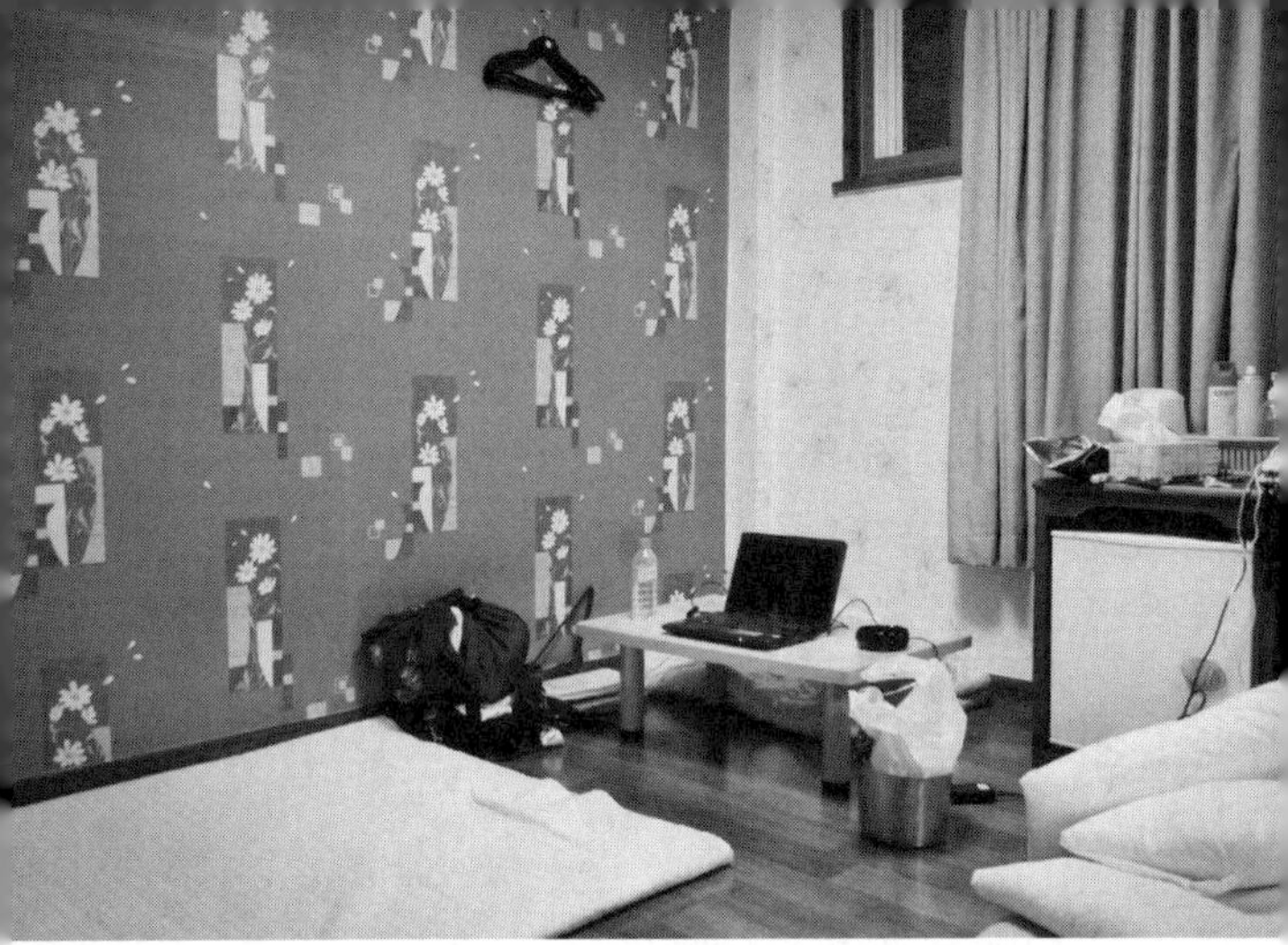

温泉マーク宿のオンドル部屋。敷きっぱなしの布団はまさに学生下宿

宿には整髪剤やドライヤーなどがそろっている。一応

理しているわけだ。しかし毎夜、警察官が宿泊客のチェックに来るわけではない。宿泊者名簿に記入しなければ発覚する可能性も低い。このルールを忠実に守らなければいけないのか、どうか……。これで国民がどれほど警察に神経を遣っているかがだいたいわかる。中国は辺境の街へ行っても、都会のなかの安宿でも、確実に記録に残す。ロシアもそうだろうか。もっともロシアには、もぐりの宿も少なからずあるが。

韓国の人々の警察への感覚は、中国などとは違う。以前、食堂で酔っぱらい、前後不覚になってしまった外国人は、警察がパトカーでホテルまで連れていってくれるという話を聞いたことがある。道がわからなくなったとき、派出所の警官に訊くのは、アジアでは韓国と日本ぐらいだ。ある日本人女性は、ソウルの交番で道を訊いたところ、白バイで目的地まで連れていってくれたという。

韓国でもきちんとしたホテルは、万が一を考えてパスポートのコピーをとる。しかし連れ込み客もいる温泉マーク宿になると……といったところだろうか。

「やっぱりあったな……」

ソウル駅前の温泉マーク宿のベッドの上でひとりごちた。

宿のおばさんは、なかなかきれいな人だった。おそらく夫婦で、この宿に住み込

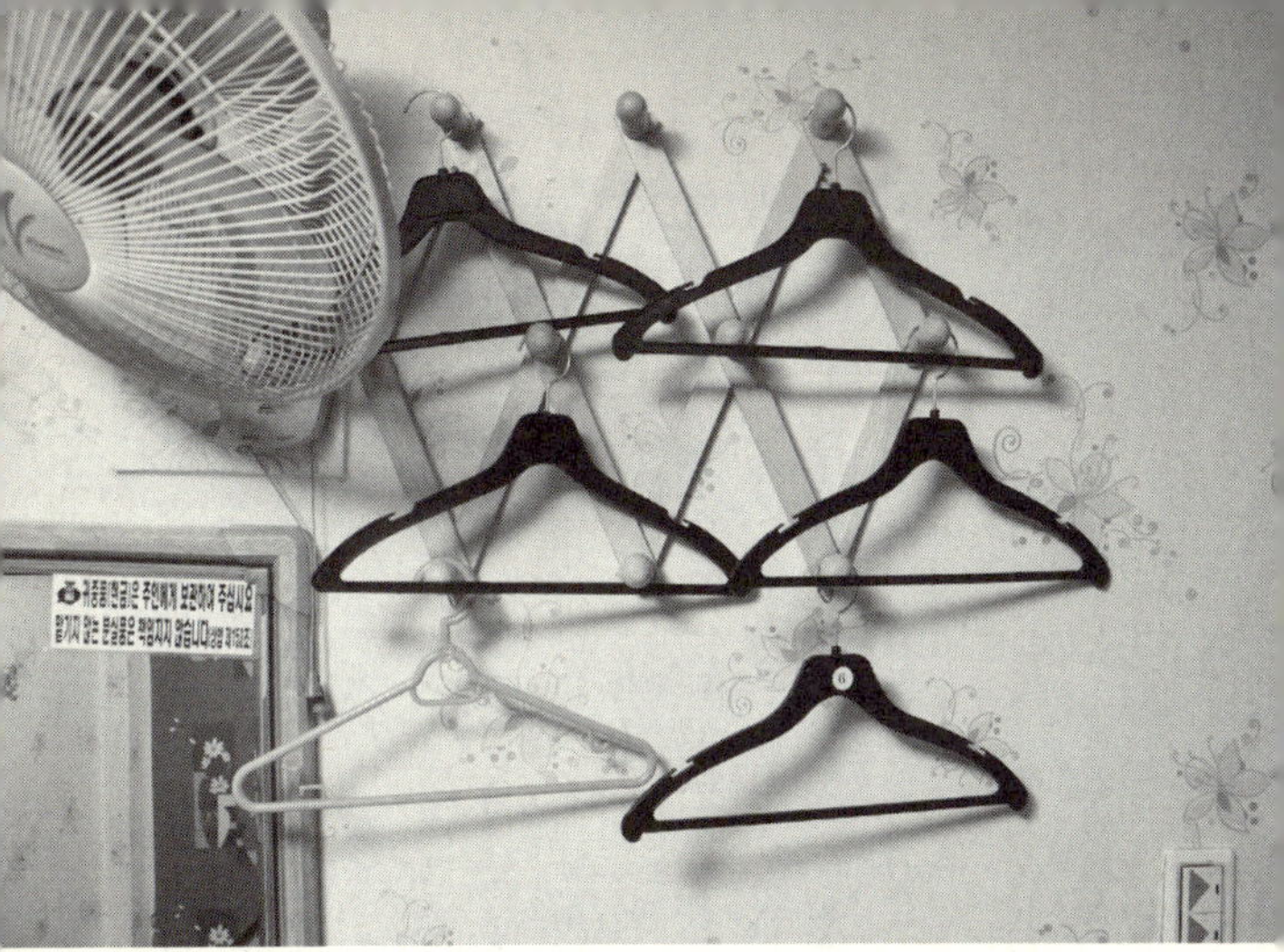

クローゼットはないから衣類はここに。どうかけるか、すごく悩む

冷蔵庫には水と強壮剤。温泉マーク宿ですから。強壮剤はサービスです

んでいるのだろう。部屋の掃除をしているのもおばさんだろう。ご主人は、なにかの事故で、足が不自由になってしまったのかもしれない。

温泉マーク宿に泊まると、いつも、その宿を管理している人たちの人生が気になってしまう。ほとんどが老人である。入口の小さな窓からのぞくと、だいたい布団が敷きっぱなしになっている。連れ込み宿を兼ねているから、深夜になっても客が来るはずだ。そのたびに起こされてしまう。それをひとりの老人が受けもっている。

倭館《ウェグァン》という韓国中部の街でも、駅前の温泉マーク宿に泊まった。軋む階段を二階まであがり、小さな窓のすりガラスをノックした。しばらくすると、痩せた老人の顔が見えた。身ぶり手ぶりで伝えると、一泊二万五千ウォンだと伝えられ、横のドアを開けてのろのろと鍵を渡してくれた。よれよれのパジャマを着ていた。ついいましがたまで寝ていたのだろう。時刻は夜の十時頃だった。老人は鍵に書かれている部屋番号を示し、上にあがるようにいった。部屋まで案内する気はないようだった。

寒い時期だった。外の気温は氷点下一〇度近くまで下がっていそうだった。部屋でベッドに腰を下ろすと、老人のことをつい考えてしまう。

家はないのだろうか。孫がいて、のんびりと暮らす家族に恵まれなかったのかもしれない。体力は弱まり、通常の仕事も難しくなったのだろう。温泉マーク宿の管理人室でひっそりと寝泊まりしながら働いている。

温泉マーク宿も、韓国のなかでは消えゆく流れのなかにいた。繁華街のなかにある宿はラブホテル色を強め、駅前温泉マーク宿は再開発の波のなかでビジネスホテル風の宿に変わりつつあった。小窓の裏の、敷きっぱなしの布団が見える宿ではなく、明るいフロントに制服姿のスタッフが立つ宿である。宿代は何倍にもなってしまうのだろうか。

ソウルには一泊三、四万ウォンクラスのゲストハウスが次々にできていた。どこもインターネットで予約するスタイルだった。安宿の役割も新しいゲストハウスに奪われつつあった。

以前、釜山《プサン》港の近くで、温泉マーク宿がなかなかみつからないことがあった。温泉マークはすぐにみつかるのだが、いくら声をかけても誰も出てこない。宿によっては小窓の前に携帯電話番号が掲げてあった。五、六軒目の温泉マーク宿で、やっと泊まることができた。

あれは四、五年前のことのように思う。釜山の温泉マーク宿は、もう、そんな状況だったのだ。

最近、日本国内で、駅前旅館に泊まる旅を続けていた。戦後は映画にもなり、『男はつらいよ』のなかで寅さんが泊まるのも、この駅前旅館だった。しかし多くの宿に後継者はいなかった。道路がよくなり、駅前旅館に泊まる人が減ってきてしまったのだ。

「人の乗り降りが多い駅の前にある宿は、銀行からの融資も受けられるんです。その資金でビジネスホテルに建て替わっていく。でも、利用客が少ないローカル線の沿線はだめですね。もう私の代で終わりでしょう」

一泊二食付きで六千円前後と安く、宿に流れる空気は気楽で、どこか下宿屋のような味わいがある宿である。サービスもマニュアル化されたビジネスホテルのそれとはひと味違っていた。

宿を切り盛りするのは、六十代のおばさんが多かった。二代目、三代目である。しかし日本の駅前旅館も、この代で終わるようだった。

韓国の温泉マーク宿も、同じようなものだった。ソウルは大都市で、再開発といっても簡単ではない。その分、温泉マーク宿も多いのだが、地方都市の温泉マーク宿は、行き場のない老人を雇って、なんとか営業は続けているものの、そんな老人がいなければ、一軒、また一軒と消えていく流れのなかに置かれていた。日本の駅

温泉マーク宿は部屋も狭いが、通路も狭い。安いですから

一応、お湯は出るが、だいたい不安定。冬の水シャワーはかなりこたえる

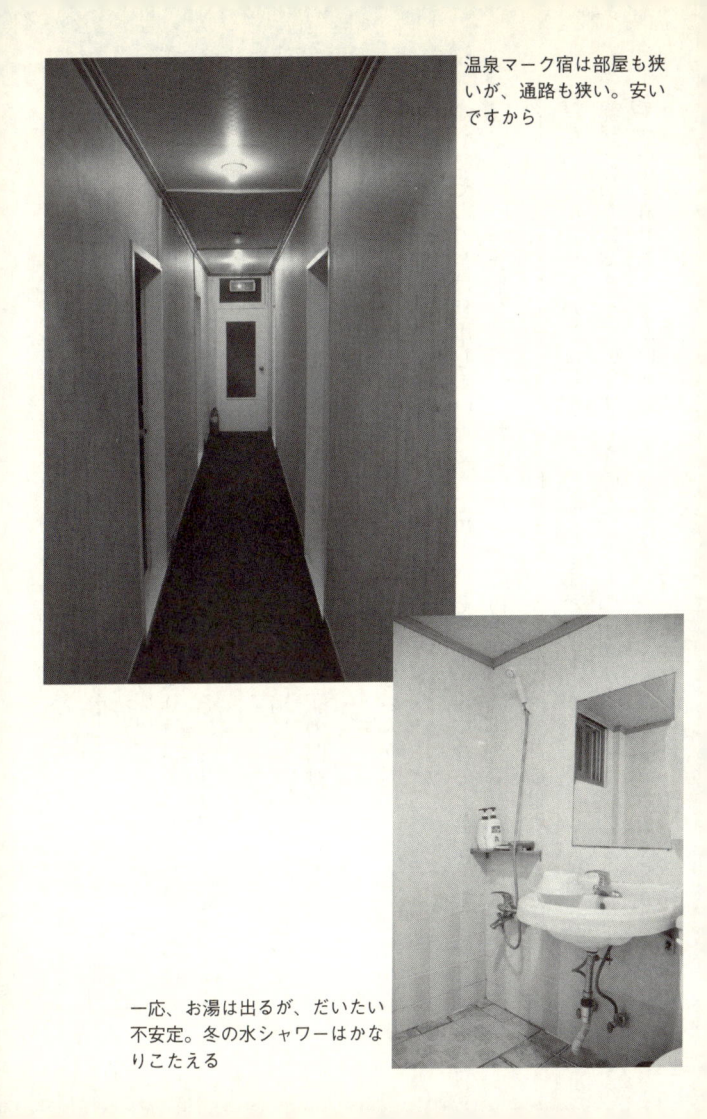

前旅館は、年齢を感じさせないおばさんの明るさで、宿の形は保っていたが、韓国の温泉マーク宿のなかには、まさに風前の灯……といった寂しさがつきまとい、宿泊客の少ない宿のなかは、ときに湖の底のように静まり返っていた。泊まるのは、昔から、この種の宿の世話になってきたおじさんか、その安さに吸い寄せられる僕のような旅行者だけかもしれなかった。

ソウル駅の西側の、路地裏にあった駅前温泉マーク宿にはずいぶんお世話になった。空港からAREXという列車が着くのは、ソウル駅の西側だったから、そこから歩いて三分ほどの宿は便利だった。

宿のおじさんは体調がすぐれないのか、いつもおばさんが対応してくれた。小窓のなかを見ると、いつも布団の上におじさんが横になっていた。

そこそこの客は利用していたように思う。それは冬場になるとわかった。韓国の宿は床暖房が基本なのだが、客がいないと節約のために切ってしまう。客が入るとスイッチを入れてくれるのだが、何日も客が使わなかった部屋はなかなか暖かくならないのだ。韓国の冬は氷点下一〇度を下まわることが珍しくない。その冷気が、そこに部屋の隅々に溜まっている感じなのだ。韓国の床暖房はストーブのように、そこに手や体を寄せると暖かいという熱源ではない。部屋全体がなんとなく暖かくなっていくといった暖まり方をする。客が少ない温泉マーク宿はとにかく寒い……そんな経験を重ねてきた。

その伝でいけば、ソウル駅前の温泉マーク宿は暖かいほうだった。水まわりはかなり老朽化していて、シャワーがなかなか湯にならないという欠点はあったが。

この宿はソウルの定宿のようになっていったが、二〇一四年の九月、いつものように列車でソウル駅に着き、いつもの路地を入っていくと、温泉マークの照明が消えていた。すでに日は暮れていた。なかは暗かった。一応、ドアを押してみたが、しっかりと鍵がかかっていた。

頼りにしていた温泉マーク宿が閉鎖されてしまった。このあたり一帯の再開発がはじまるのかもしれなかった。

その日の宿をどうするか、ということより、宿を管理していた中年夫婦のことが気になった。彼らは行き場があったのだろうか。おじさんは、杖をつきながら、別の温泉マーク宿に移っていったのかもしれなかった。なんだかやるせない思いで、暗くなった宿を見つめていた。

しかしいつまでも感傷に浸っているわけにもいかなかった。その日の宿を決めなくてはいけなかった。ソウル駅内のカフェでネットをつなげば、最近、次々にできているゲストハウスがみつかるはずだった。宿代は三万ウォンから四万ウォンといったところだろう。しかし温泉マーク宿にしたかった。新しい建物のゲストハウスはなぜか落ち着かないのだ。設備はそろい、インターネットもさくさくつながり、快適なことはわかっている。しかしなにかが足りない。韓国では、温泉マーク宿にしか泊まってこなかったということもある。しかしそれだけではない安堵《あんど》感のようなもの……。温泉マーク宿を探すことにした。

駅の西側にないことはわかっていた。時間があったとき、あたりを歩いたが、温泉マークはみつからなかった。駅の東側……。あるとしたら、ビルとビルの谷間ということとなる。行ってみるしかなかった。

ソウル駅の東側には地下鉄がある。その通路を歩けば、駅前の広い通りを越えることができたが、できるだけ地上を歩くことにした。ビルの間の温泉マークを見逃さないためだった。

しばらく進むとドーナツ屋があり、その脇に路地があった。温泉マーク探しのコツはわきまえているつもりだ。大通りを避け、路地へ、路地へと入っていくことだ。

道はゆるやかにのぼっていた。左右にはパブ、コーヒー屋、鍋料理屋などが並んでいる。周辺で働くサラリーマン向けの店のようだった。さらに坂をのぼると三叉

ソウル駅の東側。このビルの裏手に温泉マーク宿が３軒ある

路に出た。角にはコンビニ、二階には焼肉屋……その上に看板があった。「ＭＯＴＥＬ」と書かれていた。温泉マークもある。

みつけた。駅から少し歩くが、東側にもあったのだ。温泉マーク宿のなかには、ときどき、「ＭＯＴＥＬ」の看板を掲げているところがあった。本来の車を横づけできる宿のことをいうのか、日本のように連れ込み宿を意味するのか、そのあたりは微妙だった。しかしこの宿は、三階建てのビルの三階部分にあるようだった。どこかに駐車場があるのかもしれないが、どことなく連れ込み系のにおいがした。

路地の雰囲気から伝わってくるもの

があった。ここにはまだ温泉マーク宿がありそうな予感がした。

三叉路の左側の坂道をさらにのぼってみた。バーやカラオケっぽい店がある。五十メートルほど歩くと、あった。左側に温泉マークがみつかった。しかしその入口は、ブティックホテルのそれのようにいま風だった。温泉マーク宿でブティックホテル風となれば、どうしても連れ込み系に傾いてしまう。さらに坂道を歩いてみたが、もう温泉マークはなかった。

いったん道が分かれているところまで戻り、左側に進んでみた。韓国中華の店があり、その先にも一軒、温泉マークがみつかった。しかしガラスのドア越しに見ると、なかが暗い。看板の灯はついているが、すでに廃業しているかもしれなかった。カメラマンとふたりなら、それほど迷うこともなく、ドアを押すのかもしれないが、ひとりでいると、妙に気後れしてしまう。愛想のいいおばさんが小窓から顔を出してくれればいいが、寝たきりの老人のようなおじいさんが、大儀そうに布団から身を起こす姿を想像すると、ドアを押せなかった。

坂をいったん下り、最初の「ＭＯＴＥＬ」の看板を掲げた宿に行ってみることにした。荷物を背負い、階段をのぼる。三階のドアを開けると、小窓が見え、その奥のベッドでおばあさんが横になっていた。いつも通りのやりとりがはじまる。四万ウォンだった。ソウル駅前という土地柄を考えれば、そんなものだろう。フロントのすぐ近くの部屋を指さされた。部屋はごく普通の温泉マーク宿だった。駅西側の宿に比べると、若干、広いような気がした。

翌日の朝のことだった。街に出る準備をしていると、フロント近くから声が聞こえてきた。温泉マーク宿は、建てつけが悪いところが多く、通路の声はよく聞こえる。

「……?」

韓国語ではなかった。中国語だった。どうも話し相手は、通いの掃除のおばさんのようだった。おそらく、中国東北地方からやってきた朝鮮族なのだろう。

朝鮮族はさまざまな仕事に就いた。多くがきつい職種だったが、温泉マーク宿の管理人や掃除という仕事も、そのひとつだったのだ。住み込みで二十四時間、受付の仕事をしなくてはならない。行き場のない韓国の老人たちの仕事だったが、そんな人たちも枯渇してきたのだろうか。朝鮮族はその穴を埋める存在でもあった。

もっとも韓国語も中国語も操ることができない僕には、大きな問題ではなかった。朝鮮族は、韓国の人々に比べると反日感情は薄いともいわれる。僕にはかえっていいのかもしれなかった。

いま、この宿が定宿になりつつある。

一回、以前、なかが暗かった温泉マーク宿に泊まってみた。五千ウォン高かったが、ごく普通の温泉マーク宿だった。おばさんが入口脇の小部屋で寝泊まりしていたが、ときどき、主人らしきおじさんもいた。二泊すると、明日から泊まることはできないといわれた。ここも改装か建て替えになるのかもしれなかった。

朝鮮族のおばさんは、足腰が弱っていた。いろいろ気にかけてくれ、親切にしてくれる。部屋はちゃんと暖かいか、床暖房の設定も身ぶり手ぶりで教えてくれる。しかし歩くのはつらそうで、管理人室から一歩も出ず、日がな一日、ベッドの上で過ごしている。

もともとの用途として連泊は想定していないのが温泉マーク宿である。部屋の掃除は、客がチェックアウトしたら……というシステムが多い。ここもそうだった。三泊ほどしたときだったろうか。戻ると、部屋のなかににおいがこもっていた。寒い季節だった。温泉マーク宿の窓は小さく、二重窓になっている。換気することも少ない。そのためであろう。

しかしそのにおいが、なぜかたまらなく懐かしかった。学生時代、友だちのアパートに入ったときのにおいだった。いや、自分の部屋もそうだった。掃除の手を抜く、男の部屋のにおいだった。

カメラマンとふたりで、温泉マーク宿のオンドル部屋に泊まると、ふた組の布団を敷く。部屋は学生時代の下宿のようだった。

そのにおい……。温泉マーク宿が妙に落ち着くのは、鼻腔に届く部屋のにおいが理由かもしれなかった。あの頃、なにをしたらいいのかもわからず、狭い部屋でひとり悩んでばかりいた。年をとっても、戸惑ってばかりの人生に変わりはないが、いま、心を占めている苦痛はより現実的な悩みだった。若い頃は幸せだったというのはそういうことなのかもしれない。とり換えられることがないシーツの上に寝転がり、そんなことを考えてもみる。

この宿は中国語が通じるせいか、大陸から観光でやってきた漢民族がよく泊まる。若い女性同士という組み合わせが多い。彼女らは、まるで火がついてしまったように買いものに走り、ときどき、部屋を開けっ放しにして、荷物をトランクに詰めているところを見かける。宿のおばさんは、そんな中国人に冷たい。彼女らと話すとき、潮が引くように顔から笑みが消える。中国で生まれ育ったおばさんは、漢民族に冷遇されて生きてきたのだろう。それを嫌って韓国に来たのかもしれないが、ここでも韓国人との軋轢《あつれき》が待っていた。それは日本にいる在日朝鮮・韓国人に共通したつらさでもある。

夕方の便で日本に帰ったときがあった。おばさんに荷物を預かってくれないかと訊いた。「オーケー、オーケー」と笑顔が返ってきた。受付前のスペースに置こうとすると、「そこは盗まれたら大変。私の部屋に入れなさい」と身ぶり手ぶりでいう。荷物を託したが、足腰が弱くてもちあげることができない。僕は自分で荷物を手にして、おばさんの部屋に入った。

なにもなかった。二、三個の食器とテレビ、わずかな衣類……。おばさんはこれしかもっていないのだろうか。目にしてはいけないものを、見てしまったような気がした。

出島をつくった仁川国際空港の自国びいき

仁川《インチョン》国際空港はかなり利用する。ソウルを往復するときはもちろんだが、東南アジアに向かうときも、しばしば、この空港で乗り換える。この乗り換えが、仁川国際空港の強みでもある。

韓国の大韓航空とアシアナ航空などは、日本の地方都市へも乗り入れている。日本の地方空港と仁川国際空港を結び、トランジットという乗り換えで、アジアやヨーロッパへと日本人を運ぶ。

たとえばカンボジアのシェムリアップ。アンコールワットのお膝元空港である。日本からシェムリアップ国際空港への直行便はない。ベトナムのホーチミンシティーやバンコクで乗り換えるか、仁川国際空港で乗り換えるかということになる。仁川国際空港からシェムリアップへは直行便が就航している。

日本の地方都市に暮らす人は、さて、どういうルートで……ということになる。地方空港から成田空港や羽田空港、関西空港などに出るコースを選ぶと、二回の乗り換えが必要になる。あるいは列車やバスで成田空港などに向かうか……。どちらにしても時間はかかる。

しかし仁川国際空港を使うと、スムーズにシェムリアップに向かうことができるのだ。乗り換えは一回。航空会社も、乗り換え時間を短くするスケジュールを組んでいる。所要時間も短い。そして運賃も安い設定になることが多い。この手法で、多くの日本人利用客をとり込もうとしているのが韓国の航空会社である。そのためには、スムーズに乗り換えができる空港が必要なのだ。対象国は日本だけではない。アメリカ方面に向かう中国人も、空港ではよくみかける。

仁川国際空港は、多くの乗り換え客を想定して設計されている。実際、乗り換えはスムーズだ。迷うこともない。機能的につくられている……といつも思う。

しかしそれはメインターミナルを使った場合だ。メインターミナルは、主に大韓航空とアシアナ航空が使う。この二社を利用したとき、仁川国際空港の機能は発揮されると思っていい。

この空港は、メインターミナルからスターラインと呼ばれるシャトル電車で結ばれたコンコースAというターミナルがある。図で見ると、どこか出島のよ

仁川国際空港。無料の Wi-Fi はよくつながる。香港国際空港並み

うなつくりになっている。そしてこのコンコースAは、外国の航空会社が主に利用している。露骨な自国の航空会社優遇策にも映る。しかし外国の航空会社は、仁川国際空港での乗り換えが少ないから、合理的といえば、合理的なのだが。

ところがその後、LCCと呼ばれる格安航空会社が、急激に便数を増やしてきた。韓国にはチェジュ航空、イースター航空、ジンエアーなどのLCCがある。二〇一五年の春までは、日本のLCCも就航していた。これらLCCが主に使うのは、コンコースAである。それも端の搭乗口が割り当てられることが多い。チェックインカウンターからいちばん遠い搭乗口である。

以前、日本のLCCであるバニラエアで、何回かソウルを往復した。日本に帰るとき、チェックインをすませると、スタッフは、搭乗券に「40」と書き込みながら、こういった。

「ここから搭乗口までは四十分ぐらいかかります。早めに向かってください」

「四十分ですか……」

仁川国際空港は、機能的につくられた空港といわれているが、LCCを使うと、突然、不便な空港になってしまうのだった。

第八章

在住者がすすめる週末ソウル

雨の日は入場無料の博物館で過ごすのがおつ

金光英実

　せっかく週末を利用してソウルへ遊びに来たのに、雨に降られてしまった。どこへ遊びに行けばいいの?とお悩みの方、悲しまないでください。ソウルには無料で利用できる博物館がいくつもあります。楽しくて勉強にもなって、その上ひと味違ったソウル旅行になること請け合いです。

　まず攻略していただきたいのは国立中央博物館。ロンドンに行ったら大英博物館、ニューヨークに行ったらメトロポリタン美術館へ行くのと同様、ソウルに来たら国立中央博物館は基本です。微笑みの貴公子ペ・ヨンジュンさんもここの「金銅弥勒《こんごうみろく》菩薩半跏思惟像《ぼさつはんかしいぞう》」を見に訪れました。

　展示館は一階から三階まであります。約四万坪という広大な規模なので、一階から見ているとたいてい二階まで見てギブアップします。歴史好きなら一日中見ていても飽きないほどの展示点数の多さです。一階は先史・古代館と中世・近世館、二階は書画館と寄贈館、三階は彫刻・工芸館とアジア館という構成。前述の半跏思惟像は三階にあります。

歴史はそんなに興味ないのよ、という方は、三階の伝統茶屋『サユ』で休んではいかがでしょうか。雰囲気がいいので日本人観光客にも人気のお茶屋さんです。一階のスーベニアショップでは韓国らしいお土産が手に入るので、ぜひ寄ってみてください。

次に、ソウル歴史博物館。朝鮮時代以降のソウルのすべてがわかってしまうという、偉大な博物館です。三階の展示室は時系列に沿って四つのゾーンに分かれています。第一ゾーンは、朝鮮時代のソウル、第二ゾーンは開港、大韓帝国期のソウル、第三ゾーンは植民地時代のソウル、第四ゾーンは高度成長期のソウルです。

ここでは漢陽が都に定められてから今のソウルが誕生するまでの変遷を一度に知ることができます。朝鮮時代の街並みや服、小物なども展示されているので、韓流時代劇の好きな方にとってはとくに面白いかもしれません。光化門《クァンファムン》という中心地に位置するため、国立中央博物館よりもアクセスが良好です。観覧客も少ないので、ゆっくり過ごすことができます。

そして最後に、私のいちばんのおすすめは、二〇〇八年にオープンした韓国映画博物館。韓国映画の歴史と変遷が、写真や映像とともに展示されています。日本語のオーディオガイドを無料で貸し出してもらえるので、韓国語がわからない方でも楽しめるはずです。

ここでは韓国映画を四期に分けて展示しています。第一期は一九〇三～一九四五年（最初の朝鮮映画）、第二期は一九四五～一九七二年（韓国映画の成長期）、第三期は一九七三～一九八六年（検閲の時代）、第四期は一九八七年～現在（韓国映画のルネサンス）。そのほか、アニメや映像の原理などの展示もあります。

この博物館が入っているビルは「映像資料院」といいます。実は、ここの地下一階では毎日映画が上映されています。それも無料です。なんという太っ腹！　チケットをもらうには、受付で人数をいい、好きな席を指定するだけ。無料で映画を楽しめるので、平日の午後は、現役を退いたおじいさま方がたくさんいらしてます。

「おじいさん、靴を脱いで足を前の席に載せないでください」

「おしゃべりはやめてください」

「だめだめ、そんなとこで食べないで」

そんな係員の困った声を聞くのも一興です。

その日上映される映画のスケジュールは決まっていて、一分でも遅れたら入場できないという厳格なところも気に入ってます。韓国映画が多いのですが、日本映画

映像資料院のビル。わかりづらいのでこの写真を目印に

40代で他界した李晩煕（イ・マニ）監督の映画ポスター。2015年、没後40周年にあたるため、特別記念展が開かれていた

など外国映画も上映されます。スケジュールはインターネットのサイトで確認できます（http://www.koreafilm.or.kr/　英語もあり）。

この映画館には食べ物は持ち込めません。映画館と同じフロアに小さなカフェが併設されています。ここでカフェラテを買って（二千五百ウォン、約二百五十円という安さ）映画を観ながら飲むのが私の楽しみ方です。

毎日でも行きたいほど大好きな場所ですが、アクセスが若干面倒です。地下鉄六号線と京義《キョンイ》中央線、空港鉄道が通る「デジタルメディアシティ駅」は、明洞《ミョンドン》などの中心部から少し離れています。その上、博物館までは駅から徒歩十五分もかかります。

最近はテレビ局やＩＴ企業などの集まる新都市として、注目が集まっているエリアです。

おしゃれなレストランやカフェもたくさんできてきているので、ここをお目当てに一日過ごすのも悪くありません。アートの街、弘大《ホンデ》も近いですよ。

■国立中央博物館
【住所】ソウル市龍山区龍山洞6街168−6
【電話】02−2077−9045
【観覧時間】火木金 9時〜18時／水土 9時〜21時／日・祝日 9時〜19時
【休館日】月曜日、一月一日
【アクセス】地下鉄四号線／京義中央線の二村駅二番出口から徒歩十分。「パンムルグァン・ナドゥルキル（博物館お出かけ道）」という地下道でつながれているので、雨の日も安心。

■ソウル歴史博物館
【住所】ソウル市鍾路区新門路2街2−1
【電話】02−724−0274〜6
【観覧時間】3月〜10月 平日9時〜20時、土日祝9時〜19時
11月〜2月 平日9時〜20時、土日祝9時〜18時
【休館日】月曜日、一月一日
【アクセス】地下鉄五号線の光化門駅七番出口から徒歩八分

■韓国映画博物館
【住所】ソウル市麻浦区上岩洞DMC団地1602　韓国映像資料院
【電話】02－3153－2072
【観覧時間】平日10時～19時、土日（祝日）10時～18時。閉館30分前まで入場可。
【休館日】月曜日、一月一日、旧正月、秋夕
【アクセス】地下鉄六号線のデジタルメディアシティ駅二番出口から徒歩約十五分

ソウルの引っ越し事情

パク・ジョング（インタビュー・構成／金光英実）

この十数年の間に、ソウル市内のなかで十回ほど引っ越しを重ねてきました。引っ越す理由はさまざまですが、たいていは大家さんの事情です。「自分の子供が住むことになったから出てってくれ」とか、「保証金をアップするので払えないなら移ってくれ」とか、「家を売ることにしました。売れたら出てって」などなど。

まずは、韓国の賃貸システムを簡単に説明します。賃貸システムには「チョンセ」と「ウォルセ」の二種類があります。チョンセは最初に多額の保証金が必要となりますが、月々の家賃はいらないシステム、ウォルセは日本と同様、毎月家賃を支払うシステムです。

チョンセの場合は、日本円に換算して、少なくとも一千万～四千万円ほどの額をまとめて用意しなくてはなりません。といっても、そこまでの大金をもっている人は多くはありません。ではどうするかというと、銀行や保険会社などから、個人の信用度に応じてその五〇～八〇％を借りるわけです。残額のみ、自分で用意すればいいのです。

ウォルセの場合は、保証金の額は小さく、最低五十万〜百万円ほどあれば入居できます。ただし、保証金が少なければ少ないほど家賃が上がってしまうので、みんな、保証金を貯めて家賃を減らそうと懸命に頑張ります。最近は「パンチョンセ」というシステムも多くなってきました。たとえば一千万円の保証金が必要であったら、その半分の五百万円を払い、残りは家賃で五万円ずつ支払う、といった感じのシステムです。

引っ越しにあたって、大家さんとは保証金の問題でよくもめます。五十万円くらいならともかく、何千万円もの保証金を賃借人に返さなくてはならないのに、大家さんがすぐには用意できないからです。賃借人から預かったお金を、銀行の支払いにあててしまっている場合もありますし、定期預金に入れてしまっていることや、事業に使ってしまったということもあります。そういうときは、次の賃借人の保証金を前の賃借人にそのまま渡すことになります。そのため、次の賃借人が入ってこないと、保証金を返してもらうことができないのです。

私の場合はこんなことがありました。住んでいたのは新築のマンションだったのですが、壁にひびが入ったり上の階から水漏れがあったりと、ひどい部屋でした。

出ていくことを決めて、三カ月前に大家さんに通告しました。ところが、引っ越し先を決めて、すでに契約金まで納入してしまってあるのに、次の住人が決まらない。結局、数カ月の間、保証金を返してもらえませんでした。裁判寸前までいきましたよ。

このようなケースはよくあるので、保証金を必ず返してもらうためには、「登記」をすることが大事です。身分証明書と賃貸契約書をもって町役場へ行き、「確定日付」をもらうのです。この登記さえしておけば、抵当権者として認められるので、優先的にお金が戻ってきます。

さて、引っ越しを決めたら、業者に依頼して見積もりをとります。家具が多ければそれだけ高くなりますが、移転先までの距離はどれくらいか、エレベーターはあるのか、はしご車を使うのか、など、諸条件によって料金が変わってきます。また、週末は平日よりも金額が高く、大安吉日の場合も仏滅などに比べて高く設定されています。

私は「ポジャン（包装）引っ越し」という、業者に任せきりにする引っ越しを利用します。荷物を詰めるところから解くところまで、すべてやってもらえるので非常に楽です。ただし、どこに何があるのか把握しきれないことも多く、ときどき物がなくなることもあります。貴重品や大事なもの、仕事の書類などは、前もって別のところに保管しておくことにしています。

二、三年に一度、多いときは毎年引っ越しをしていたせいか、すっかり引っ越しに対する抵抗感がなくなりました。家を見つけるのも手続きも大変ですが、いろいろなエリアに住めるのは楽しいことです。

一泊二日のディープ韓国

平間紗輝子

わくわくドキドキの海外旅行、おいしい物をたらふく食べ、いろいろな観光地をまわり、ショッピングも思いきり楽しみたい。そんなことを思い描いていたにもかかわらず、なかには海外で体調を崩したり怪我をしてしまって病院のお世話になったりしたことがある方もいるのではないだろうか。そんなときは楽しい旅行が台無し！ではなく、ポジティブにそれすらも楽しんでいただきたい。病院のような場所だからこそ味わえる、現地らしさもあるのだ。

ソウル生活も三年が過ぎ、韓国の文化にもずいぶんと慣れたある日のことだった。ラブストーリーが突然訪れるのと同様に、悲惨なストーリーも突然訪れるもの。コートをとりだそうとクローゼットを開けた拍子に、横着者の私がいい加減に押し込んでいたアイロン台が足の上に垂直落下したのだ。激痛に顔を歪めながら足に目をやると、小指が斬新な方向を向いている。ニュースタイルの小指はすぐにパンパンに腫れ上がり、意を決して韓国の整形外科に向かったのだ。

足の小指は思いのほか歩行に貢献していたことがわかる。一歩踏み出すごとに走る激痛に絶叫しながらも無事病院にたどりついた。受付で「よく自力で来れましたね」と感心された。確かにいま思えば、どうして一一九番（韓国の火災・救急ダイヤルは日本と同じ）という手段に気づかなかったのだろうか。

韓国の病院も日本と同様、受付で来院手続きをし案内を待てばいい。私は家の近くの病院を選んだが、海外旅行保険に加入している方は、コールセンターに問い合わせて病院の紹介を受けるとスムーズに保険手続きがすむだけではなく、日本語ができる病院を紹介してもらえることもある。

病院ではカルチャーショックの連続だった。まずはレントゲン室。日本では厳重に扉が閉ざされ、放射線が漏れないよう安全対策が万全である。しかしここは韓国。レントゲン室全開。ワンショット撮るたびに技師が扉を開けたり閉めたりする煩わしい作業などなく、待合室の扉すら開放されている有り様。実にスピーディーに撮影が終了した。

レントゲンなんか撮らなくてもわかってはいたが、やはり小指の骨が折れていた。それに対する医師の治療方針は手術だった。海外で手術……大変なことになってしまった。ただでさえレントゲン室での適当さを目の当たりにしたばかりなのに、目の前には手術同意書が広げられている。どうする私。なんて迷う暇なく、早く早くと促されるまま同意書にサインしてしまった。パルリパルリチョンシン（早く早く精神）とはこのことだ。医師からは手短に手術の説明が行われた。針金で骨を固定すること、一泊の入院が必要なこと、下半身麻酔をするがそれがまた痛いとのこと。思わず私は、痛くないように麻酔するのが痛いなんて嫌だ、と子供のようなことをいってしまったが、それを聞いた医師はただ黙って頷《うなず》くだけだった。

トントン拍子に事は進み、手術に際しなにかの注射を打たれることになった。袖をめくって腕を出そうとすると看護師のこのひと言。「お尻を出してください」。そう、この国はお尻注射が大好きなのだ。それも、ただ注射するだけではない。パチパチと平手でお尻をしばきながら針を刺される。これはいったいなんのプレーなんだ⁉とはじめての方はドキドキするかもしれない。しかし残念ながら、彼らは至って真剣だ。ごく普通の医療行為なのだ。痛さをごまかすためにお尻を叩く。看護師の精一杯の思いやりなのである。

心の準備をする暇なんて与えませんよと聞こえてきそうなスピードで事は進み、朝一で来院した私が手術台に上がったのはまだお昼過ぎだった。痛いと噂の下半身麻酔への恐怖で骨折の痛みなど感じない。するとなにやら看護師たちが騒ぎだした。

「マニキュアをとれって指示されませんでしたか?」。看護師によると、脈拍か何かを測る機械を指先につけるため、マニキュアは必ずオフしないといけないとのこと。もちろんそんな指示などなかった。「どうする?」「もういいんじゃない?」「まあいっか。大丈夫でしょ」。なにを根拠に大丈夫といっているのか知らないが、韓国人のケンチャナチョンシン(大丈夫精神)にはいままで何度も不安にさせられたものだ。こんな調子で手術されると思うと怖くて仕方がなかったが、「麻酔入ります」の次の瞬間、手術はすべて終了していた。なんと、下半身麻酔は嫌だといった私のひと言で、医師は勝手に睡眠麻酔(韓国でよく使用する患者を眠らせる麻酔。全身麻酔とは異なる)に切り替えていたのだ。点滴の管から麻酔剤を投与され、一瞬にして眠りに落ちていたようだ。

手術さえ終わればあとは入院患者観察を楽しむだけ。もちろん入院部屋は個室の選択も可能だが、韓国らしさを味わうには相部屋を選ぶほかない。私が相部屋に入ってまず最初に気づいたことは、面会客の多さだった。さすが家族を重んじる儒教の国、平日の昼間にもかかわらず、どの入院患者にも旦那や子供が面会に来ていた。

私はといえば韓国に家族もいなければ十月三十一日だったため、入院服を着て撮った写真付きの面会要請を友達に送っても、「ハロウィン乙。」の返信が来るだけで誰も面会に来てくれなかった（私の面目を保つために付け加えておくが、ただの暇人の悪ふざけだと思われただけであり、決して友達がいないわけではない）。寂しそうに窓の外を見つめる私を見かねた同室の人たちが、たくさんの果物や飲み物をおすそ分けしてくれた。

海外での入院で少し緊張していた私を気遣い、和ませてくれた同室の方々と面会客のみなさんにはとても感謝している。感謝はしているが、いわせてくれ。いったい、いつまでここにいる気なのだ？　というのも、面会客が一向に帰ろうとしないのだ。一応は女性専用部屋なのに室内人口の半分は面会に来た旦那や息子で、午後十時の消灯時間を過ぎても誰一人として帰ろうとしないのだ。ついには簡易ベッドを出して寝はじめる始末。私の隣にもおじさんが寝ていた。部屋が狭く必然的におじさんとの距離も近い。私が入院した病院のベッドにはカーテンも仕切りもなかったので非常に居心地が悪かった。赤の他人と川の字になって寝ているような状況ではゆっくり休めたもんじゃない。早く帰ってくれという私の願いもむなしく、面会客たちが帰ることはなかった。

短い入院生活でもうひとつ印象に残っているのは入院食。私の場合ただの怪我だったので食事の制限がなく、白ご飯、タッポックムタン（鶏の煮物）、ナムル、キムチといった韓国の家庭料理メニューだった。さすがに病院なので刺激物は出ないだろうと思っていたが、韓国人からキムチを引き離すことなど誰にもできないのだろう。ただ、この入院食にありつくまでもちょっとした苦労があった。食事の時間になると、給食のおばさんのような人たちが患者の食事リストをもって配膳しに来る。この人にはこのメニュー、この人は絶食、などとブツブツ呟《つぶや》きながら私のベッドまでやってきたが、リストを何枚もめくって確認した挙句、通りすぎていってしまった。私の勝手な推測だが、私の名前が長すぎてリストが正しく印刷されなかったのだと思う。韓国人の名前はほとんどがハングル三文字であるのに対し、私は六文字。ウェブサイト上の名前入力フォームのなかには六文字だと入りきらないサイトもあったりと、長い名前は時として予期せぬエラーを招く。抑えきれない食欲ゆえ、人生ではじめてナースコールを押した。

これはあくまで韓国に住み神経が図太くなった私の体験談であるが、旅行者のみなさんには慣れない韓国だからこそ、より多くの新しい発見があるだろう。逆境に立たされてこそ出合えるディープな韓国もあるのだ。もちろん、病院に行くような事態にならないよう、私みたいに横着せず、安全第一を心がけていただきたいのはいうまでもない。

英語大国、韓国

ソ・ホ（訳／園田夏香）

ソウルを歩いていると、ハングル酔いすることがあるかもしれません。

地下鉄駅構内では、案内板に漢字が表示されるようになりました。明洞《ミョンドン》や南大門《ナムデムン》などの観光地に近い駅では、日本語のアナウンスも入ります。以前に比べると、ずいぶん便利になったものです。でも、それは観光客がよく足を運ぶところのこと。観光地を離れたとたん、店の看板、道路の標識、食堂のメニューはハングルだらけ。日本語が通じる店もほとんどありません。そんなハングルの世界で、もし道に迷ったり、誰かになにかを尋ねないといけなかったりするときは……、どうぞ十代から三十代くらいの若者をつかまえてください。そして、英語で話しかけてみてください。きっと、流暢な英語で応じてくれることでしょう。

というのも、韓国は知る人ぞ知る英語大国なのです。韓国は、ＴＯＥＩＣの年間受験者数は毎年二百万人を超え、平均スコアも六百三十点を上回っています。英語教育に人々の目が向きはじめたのは、金泳三《キムヨンサム》元大統領が「世界化」をスローガンに掲げた一九九五年頃からだといわれています。そして、一九九七年に小学校三年生から英語が必須科目になったことで、英語教育への関心は一気に過熱しました。韓国の教育熱は日本でもよく知られていますが、なかでも子をもつ親がいちばん力を入れているのが英語教育です。二〇一一年に幼児教育政策研究所が行った調査によると、首都圏に住む子供の英語教育開始はなんと平均三・七歳。二〇〇〇年代は、アメリカやカナダなどの教育機関に子供を通わせる早期留学が大流行。しかし、父親を韓国に残し、母と子だけで渡航するケースが多かったことから、家庭崩壊してしまうことも珍しくありませんでした。そんなこともあってか、現在のトレンドは、英語幼稚園。会話からお遊戯まで、すべて英語で行う国内の幼稚園へ子供を通わせることです。二〇一一年は全国二百カ所でしたが、現在は三百六カ所にまで増えました。

公立の小学生で英語の授業がはじまるのは、三年生からで、読み書きや会話のレッスンが中心です。しかし、塾や家庭教師、オンラインのサイバー授業などで、学校よりはるかにハイレベルな英語教育を受けている生徒が多いのが現状です。統計庁のデータによると、二〇一四年の小中高生の私的教育産業の市場規模は約十八兆二千億ウォン（約一兆八千二百億円）。そのうち英語教育は三分の一の約六兆ウォ

英語学校で TOEIC の勉強をする大学生や社会人。会社員は早朝クラスや夜クラスに通う

ンで、全科目中トップでした。

では、なぜこのように韓国では、英語教育が盛んなのでしょうか。理由のひとつに、国民総所得に対して、輸出入額の比率が九〇％以上と、貿易依存度が高いことがあげられます。つまり、英語でコミュニケーションがとれると、それだけ就職の間口が広がるのです。また、韓国社会では、大学入試や就職試験で英語能力が真っ先に問われます。入社したらしたで、今度は、昇給や昇進のための英語の試験が待っています。このため、社会人になってからも、英語学習は続けていかなければなりません。

「この国に生まれた瞬間から英語を勉

強することは定め」「大人も子供も英語を勉強しなければこの国では生きていけない」とまでいわれています。英語教育のあまりの過熱ぶりに、最近では、母国語をしっかり習得した上で、英語を学習したほうがいいのではないかと訴える学者もいます。しかし、まだまだこの状況は続く気配です。ですから、ソウル旅行で、韓国語がわからずに困ったときは、英語を使って若者とコミュニケーションをはかってみるのもひとつの手段です。

ステキなポジャギに出合う旅

園田夏香

韓国には、繊細な手仕事から生まれた、たくさんの美しい伝統工芸品がある。そのひとつ、ポジャギは、無数の小布を一針一針縫い合わせてつくる布工芸。日本でも女性誌で特集されたり、展覧会が開催されたりして、その存在は広く知られている。ステキなポジャギを求めて、ソウルに来る熱烈なファンもいると聞くので、地元の人が通うお店をふたつ紹介したい。

「キョンアート」。ソウル北部の閑静な住宅街、付岩洞《プアムドン》に位置する、ポジャギ作家パク・キョンスクさんのスタジオ兼ショップ。店内には、のれんにできそうな大きいサイズのものから、花瓶敷きにちょうどいいサイズのものまで、いろんなポジャギがディスプレイされている。大学で洋画を専攻し、現在、画家としても活躍中のパクさんがつくるポジャギは、デザインや色の組み合わせが斬新。なかでも、目を引くのは、さまざまなパステルカラーの布を組み合わせて仕立てたポジャギ韓服とポジャギ布団。かつて、庶民の間で使われていたポジャギは、韓服などをつくった際に出たハギレを、捨てるのはもったいないからと、縫いつないだものだった。その逆の発想で作品をつくってしまうところが、芸術家らしい。「ポジャギはとくに決まったパターンがあるわけではありません。布と布、色と色との出合いをどんな風に演出するか、すべて作り手しだいなのです」。そう語るパクさんのポジャギは、ほかのどれとも違う。独特の存在感をもったポジャギを求めている人はぜひここを訪れてほしい。

　アンティークポジャギを探すなら、小さな骨董品店がたくさん入ったビルが立ち並ぶ、踏十里《タプシムニ》古美術通りへ。ポジャギをはじめとする生活骨董を扱う店が多いのは二号館。館内は数十の小さな店が軒を連ねている。おすすめは「イェドゥン」。専門は、パンダジやソバンなどの韓国アンティーク家具だが、伝統家具とよく合いそうな小物もほんの少し扱っている。その小物の状態が、ここはいつも良好なのだ。アンティークポジャギの場合、破れていたり、汚れが目立ったりするものも多い。それも味だが、ここのものはパーフェクトに近い。オーナーが地方を歩きまわり、いいものに出合ったときだけ、仕入れてくるのだという。オーナーによると、ポジャギは、朝鮮王朝時代、ものを包んだり、覆ったりする、実用品だったという。その種類はさまざまで、日本でもよく知られているパッチワーク風のもののほかに、

「ポジャギは宇宙」と表現するパク・キョンスクさんの作品

刺繍や刺し子が施されたものもあるとか。また、婚礼用品、文房具、服、布団など、なにを包むかによって、大きさや形、名前などもすべて異なるという。店頭になにが並ぶかは、そのときの仕入れしだいだそうだ。私が訪れたときは、婚礼の際に、新郎が新婦の家に贈る木彫りの雁《がん》を包むために使われたというキロギポと、お膳かけに使うサンポというアンティークポジャギが伝統家具の上に飾られていた。どちらも昔は必ず家にあったものだという。

　イエドゥンにあるアンティークポジャギはひとつとして同じものはない。また、キョンアートのパク・キョンスクさんがつくるポジャギもすべて一点もの。お店を訪ねたときに、どんなポジャギにめぐりあえるかは、そのときの運だが、手にした一枚のポジャギから、昔の韓国の生活や、作り手の思いをあれこれ想像するのも面白いかもしれない。

■キョンアート
【住所】ソウル市鍾路区彰義門路155
【電話】02-747-7930

■イエドゥン
【住所】ソウル市東大門区古美術路21三喜古美術商街2棟
【電話】02-2246-1268

あとがき

世界でいちばんスムーズに歩くことができない街……それがソウルのように思う。本書は、バンコク、台湾、ベトナム、沖縄、香港・マカオ……と続く『週末シリーズ』のソウル編なのだが、個人的には、少しニュアンスが違う。はたしてソウルは外国の街なのか、というところから迷いがある。ぎこちない足どりでその迷路を進んでいくと、アフリカや南米の国より遠いところにある外国ではないか、という高い壁にぶつかる。その戸惑いは、はじめて韓国を訪ねた三十年以上前と変わっていない。どこか、自分流の歩き方をみつけるために、年に数回、ソウルという街に出かけているような気にもなるのだ。

いや、その歩き方を探すために、この本を書こうと思ったのかもしれない。

その日数が、そもそも日本との距離を語っているのかもしれないが、ソウルの滞在日数は短い。東南アジアに出向く途中に、飛行機便のトランジットという形で滞在することも少なくない。一泊ということも珍しくないのだ。しかし回数だけは多い。たぶん、タイのバンコクと同じぐらいの数になる。つまり年に七、八回……。そういう滞在スタイルがいけないのかもしれなかった。いつも温泉マーク宿に泊まり、知人と飲むソジュの酔いのなかで、悩んでいた。どういうスタイルで歩いたらいいのかわからず、ただソウルの夜を漂っていた。そんな十年以上をすごしてきた。

その理由もわかっていた。日本と韓国の間には、いくつかの軋轢《あつれき》があった。仁寺《インサ》洞《ドン》を歩くと、いつも、「独島《トクド》」という文字を目にした。慰安婦問題は、日韓の溝の象徴でもあった。韓流ブームがピークを越えると、待っていたかのように、この問題が頭をもたげてきた。僕にとっての韓国は、そのどちらでもなかったが、それをどう書いたらいいのかわからなかったのだ。迷路の道幅は、ますます細くなっていくような気さえした。

それは苦し紛れだったのだろう。

とにかく歩いてみることにした。

シベリア寒気団にすっぽりと覆われた冬のソウルはマイナス一〇度近い風が吹いていた。そのなかを、ひたすら歩いた。はっきりとしたあてがあったわけではなかったが。

繁華街を歩き、地下鉄に乗って仁川《インチョン》や安山《アンサン》まででかけた。日本人町にも足を延ばした。Ｋポップのコンサート会場まで足を運んだ。そして青瓦台《せいがだい》の裏にそびえる北岳山《プガッサン》の稜線を歩いた。

そこでなにかがつかめたわけではなかった。もともと多くを期待していたわけではない。しかし安山や温泉マーク宿で朝鮮族のおばさんと会っていたとき、なにかのヒントが隠れているような気がした。それは在日朝鮮・韓国の人々にもつながるもののような気がする。

週末のソウルで、ほっこりとした気分に浸ることができるのは、重い歴史のなかでの決断を後悔しない彼らの優しさのためではないかと思うのだ。

口絵、本文写真のほとんどは、阿部稔哉カメラマンの撮り下ろしである。第八章は、ソウル在住の日本人や韓国人に、週末のソウル旅を書き、語ってもらった。取材では、ソウル在住の金光英実さん、園田夏香さんに協力してもらった。出版にあたり朝日新聞出版の大原智子さんのお世話になった。

二〇一五年七月

下川裕治

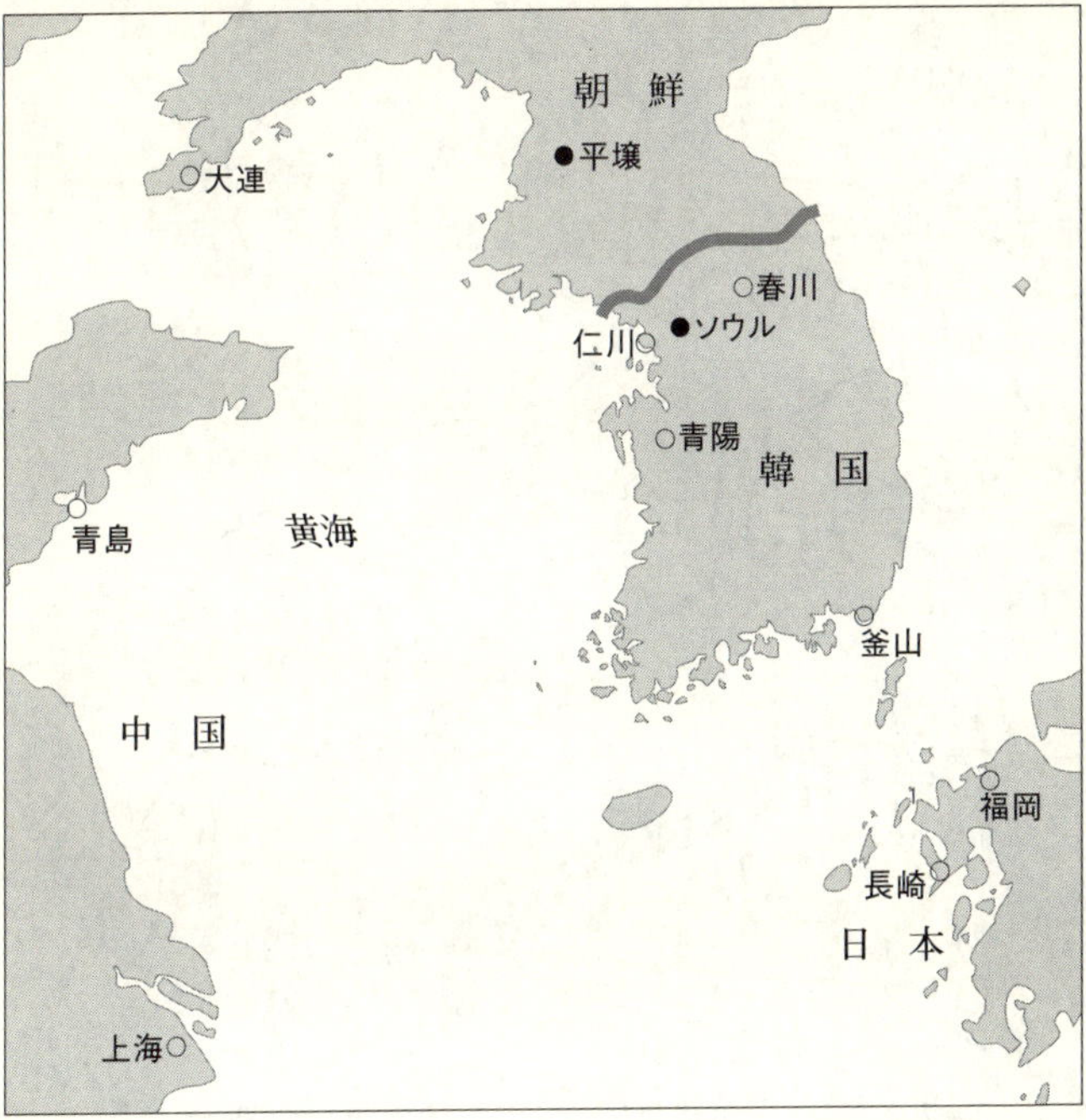
朝鮮
平壌
大連
春川
ソウル
仁川
青陽
韓国
青島
黄海
釜山
中国
福岡
長崎
日本
上海

韓国 MAP

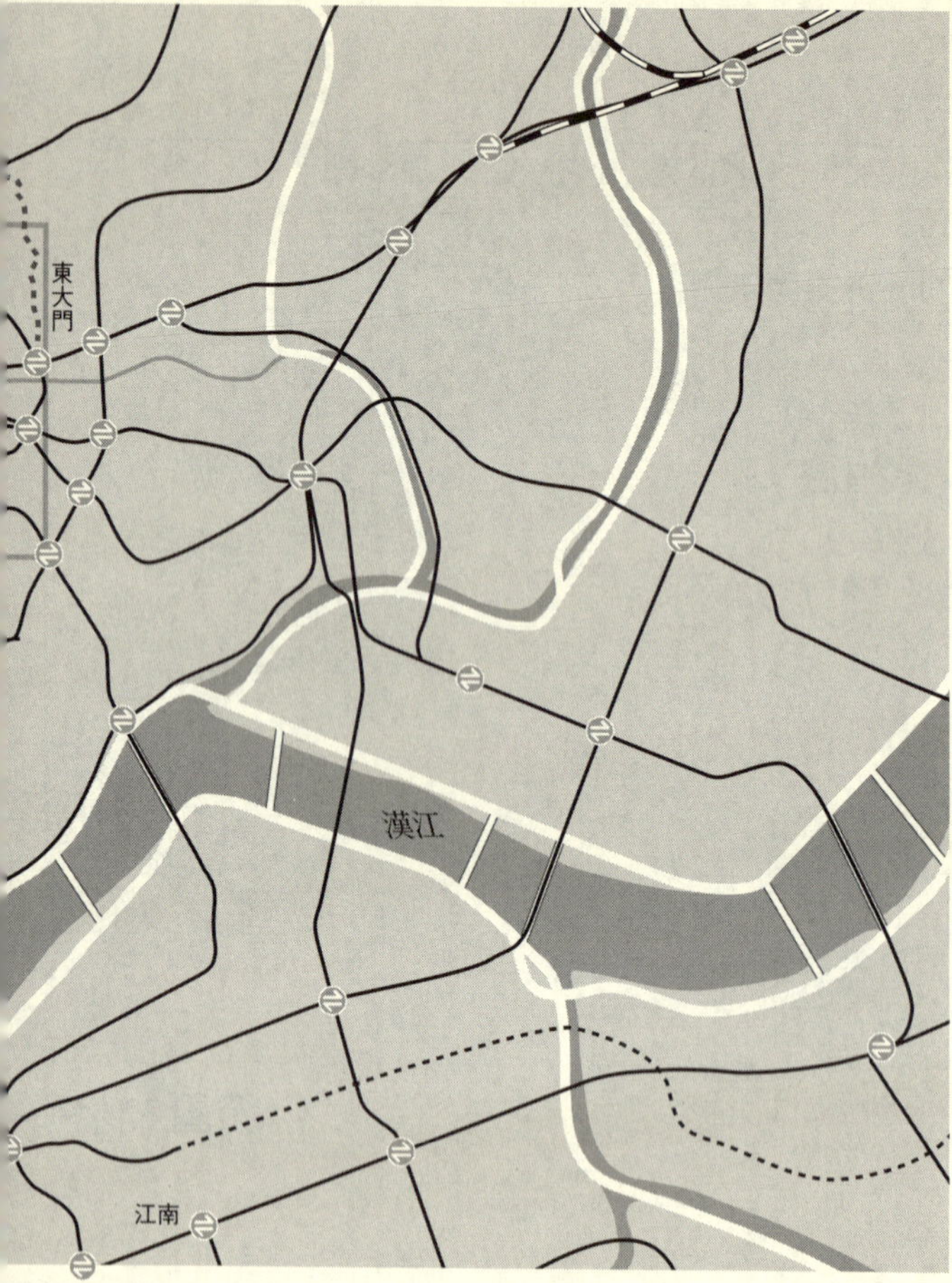
東大門
漢江
江南

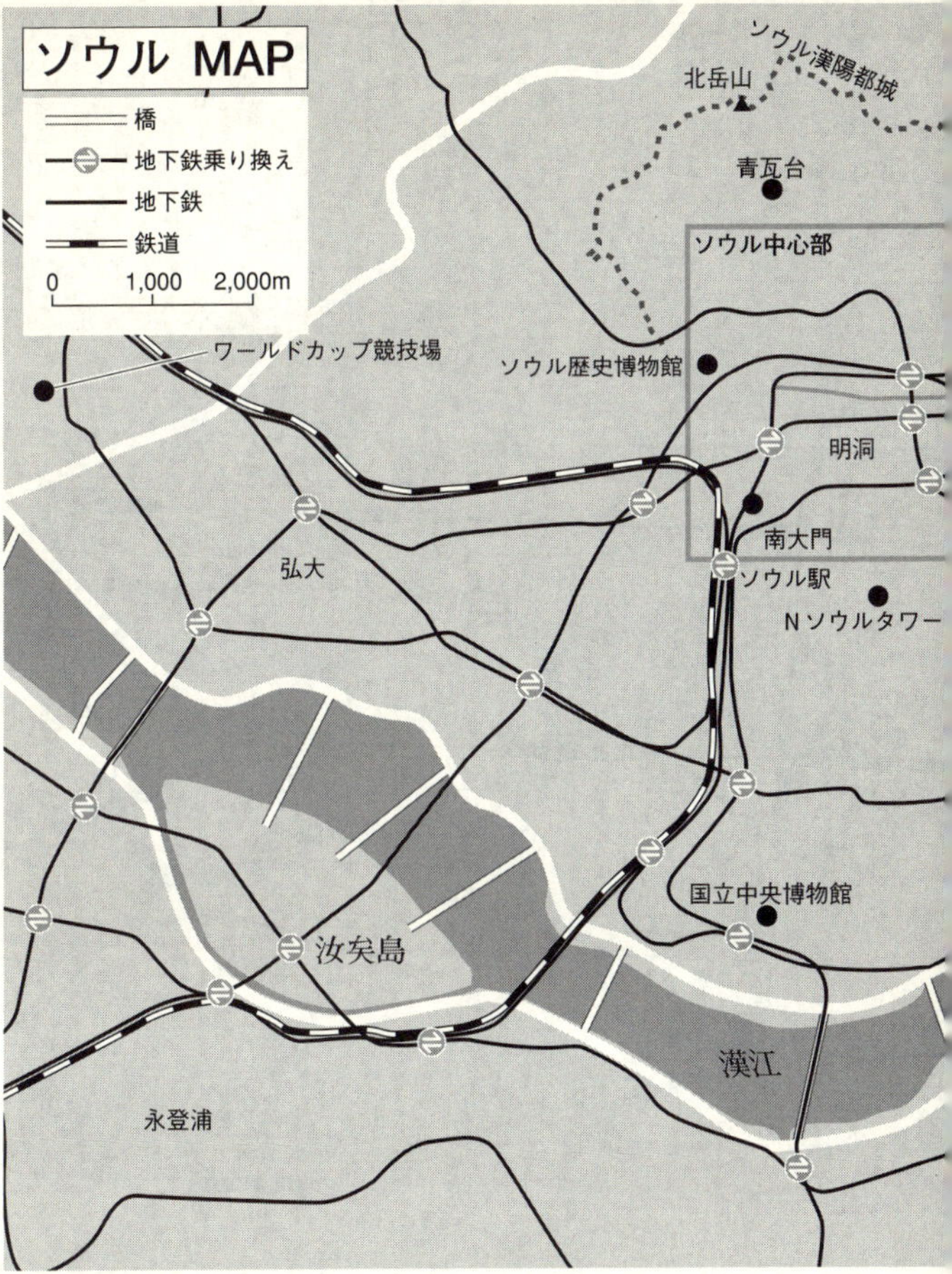
ソウル MAP
橋
地下鉄乗り換え
地下鉄
鉄道
0 1,000 2,000m
ソウル漢陽都城
北岳山
青瓦台
ソウル中心部
ワールドカップ競技場
ソウル歴史博物館
明洞
南大門
弘大
ソウル駅
Nソウルタワー
国立中央博物館
汝矣島
漢江
永登浦

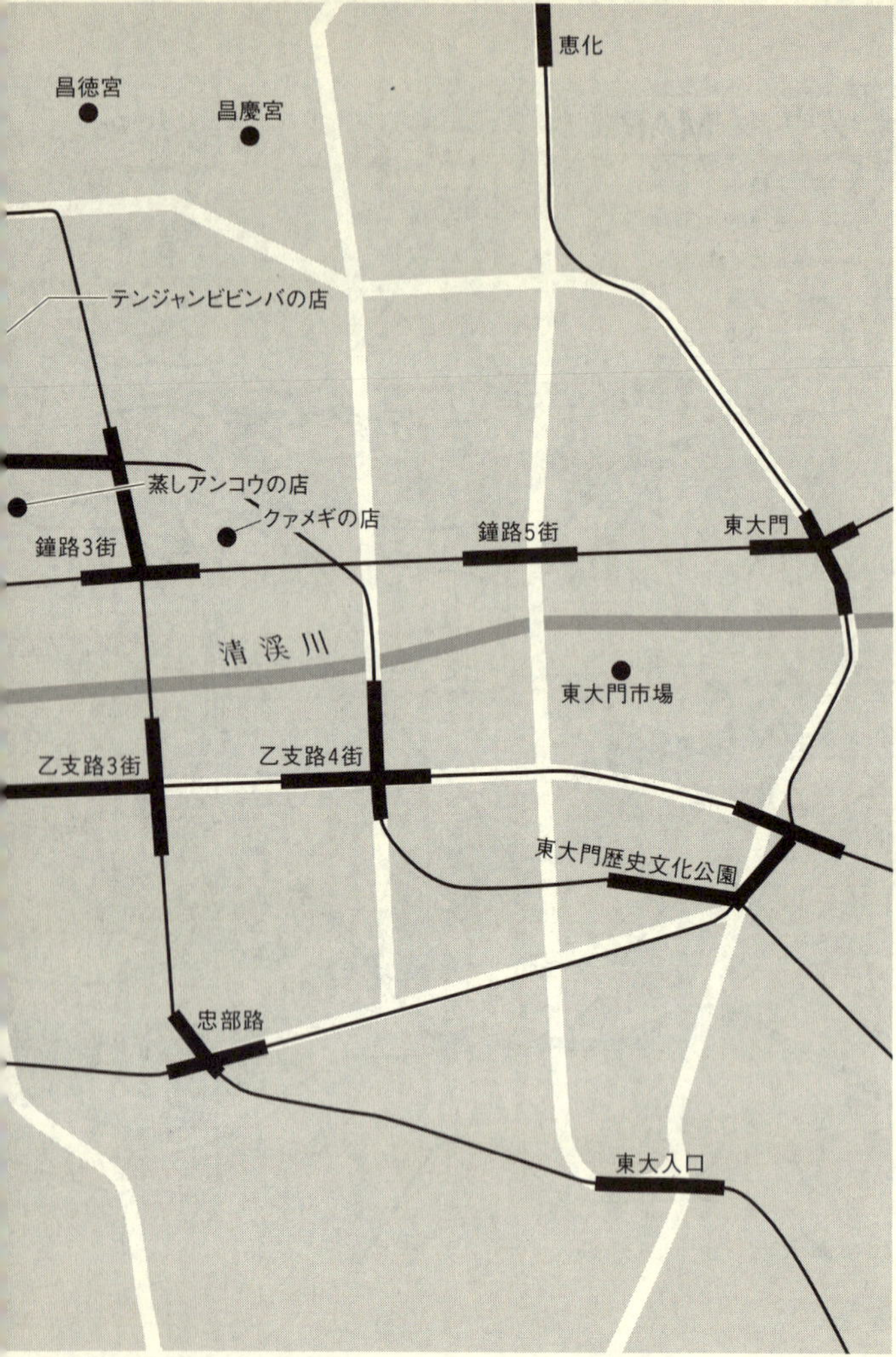
恵化
昌徳宮
昌慶宮
テンジャンビビンバの店
蒸しアンコウの店
クァメギの店
鍾路3街
鍾路5街
東大門
清渓川
東大門市場
乙支路3街
乙支路4街
東大門歴史文化公園
忠部路
東大入口

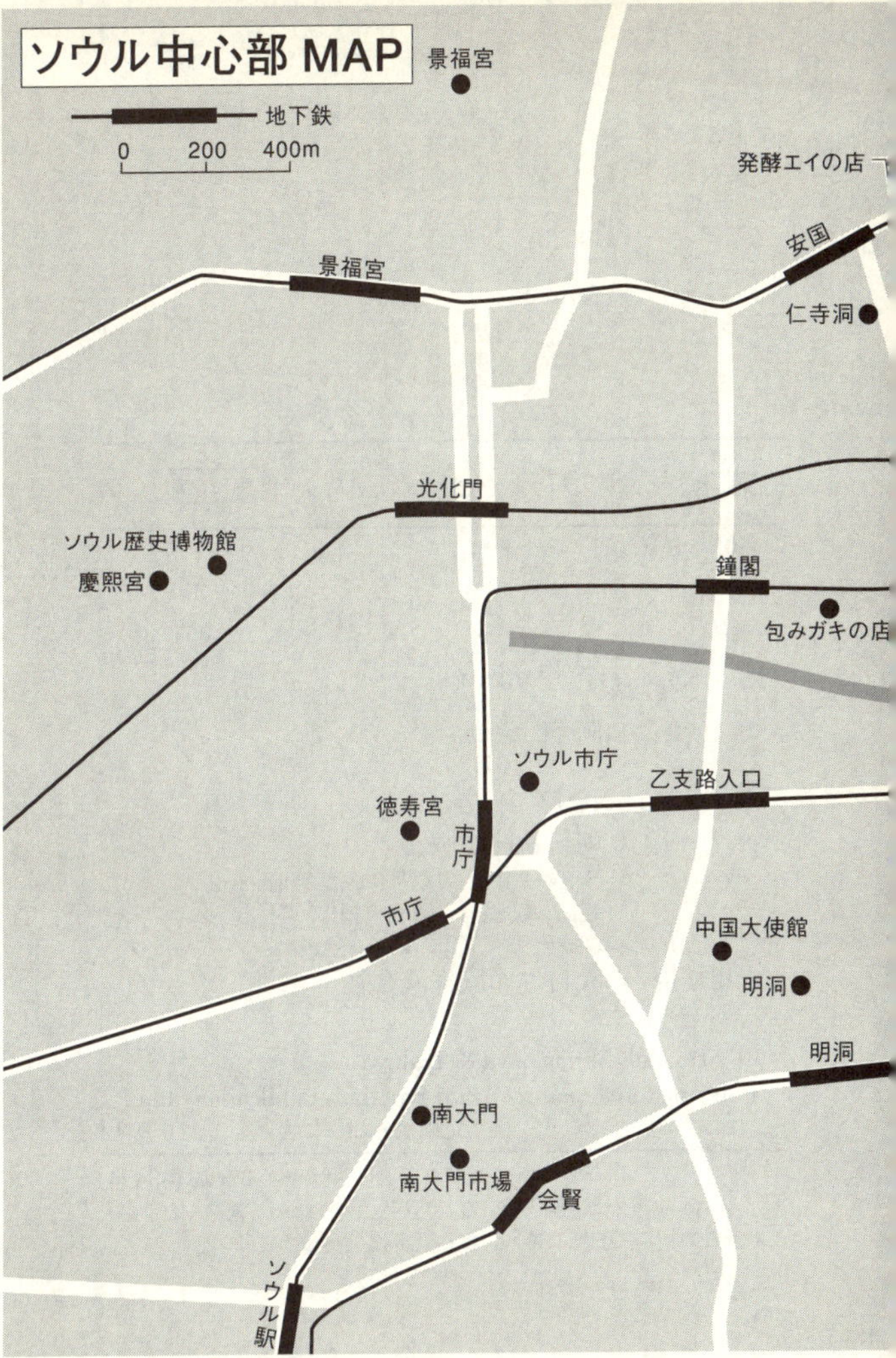

ソウル中心部 MAP
地下鉄
0
200
400m
景福宮
発酵エイの店
安国
景福宮
仁寺洞
光化門
ソウル歴史博物館
慶煕宮
鐘閣
包みガキの店
ソウル市庁
乙支路入口
徳寿宮
市庁
市庁
中国大使館
明洞
明洞
南大門
南大門市場
会賢
ソウル駅

週末《しゅうまつ》ソウルでちょっとほっこり　朝日文庫

2015年8月30日　第1刷発行

著　者　下川裕治《しもかわゆうじ》

写　真　阿部稔哉《あべとしや》

発行者　首藤由之

発行所　朝日新聞出版

〒104-8011　東京都中央区築地5-3-2

電話　03-5541-8832（編集）

03-5540-7793（販売）

印刷製本　大日本印刷株式会社

© 2015 Yuji Shimokawa & Toshiya Abe

Published in Japan by Asahi Shimbun Publications Inc.

定価はカバーに表示してあります

ISBN978-4-02-261834-4

落丁·乱丁の場合は弊社業務部（電話03-5540-7800）へご連絡ください。
送料弊社負担にてお取り替えいたします。